Orbis

Eßdolmetscher

SPANIEN

Gisela Haberkamp de Antón
mit einer Einführung von
Professor Dr. Günther Haensch

Orbis Verlag

Inhalt

Genehmigte Sonderausgabe 2000
Orbis Verlag für Publizistik, München
in der Verlagsgruppe Bertelsmann GmbH

Redaktion: Maria José Blanco Ledesma
Satz: Filmsatz Schröter GmbH, München
Druck und Bindung: Clausen & Bosse, Leck
Printed in Germany · ISBN 3-572-01094-2

Zur Einführung

Spanien ist trotz mancher Klagen über Auswüchse des Massentourismus immer noch ein interessantes Reiseland, nicht zuletzt wegen der Vielfalt seiner Landschaften und seiner Städte, aber auch der Verschiedenheit der Menschen, die zwischen den Pyrenäen und der Meerenge von Gibraltar leben. So werden neben dem Spanischen *(español* oder *castellano)* in Spanien drei weitere eigenständige Sprachen (nicht etwa Dialekte!) gesprochen: das Galicische *(gallego)* im äußersten Nordwesten der Iberischen Halbinsel, das Baskische (*vasco* oder *euskera*) und das Katalanische *(catalán)*. Was Vegetation und Klima betrifft, so findet man in Spanien ebenfalls die verschiedensten Typen vor, von nordisch-alpinen Wäldern in den Hochpyrenäen bis zu subtropischen Plantagen in Andalusien, wo Zuckerrohr und Tropenfrüchte wie Papaya, Avocado und Chirimoya geerntet werden. Der Vielfalt der Landschaft und der Verschiedenartigkeit der Menschen und ihrer Sprachen, aber auch der einzelnen Klimazonen entspricht eine erstaunliche Vielfalt der Küche. Jede der spanischen Regionen hat ihre gastronomischen Spezialitäten. Der Spanienreisende ist meist beim Lesen einer Speisekarte oder beim Einkaufen ob dieser Vielfalt und der zahlreichen Bezeichnungen, die es für Speisen und Getränke in Spanien gibt, verwirrt. Viele davon, aber längst nicht alle, findet er sicherlich in seinem Reisesprachführer, aber nicht einmal die umfangreichsten spanisch-deutschen Wörterbücher haben bisher den ganzen Reichtum des gastronomischen Wortschatzes registriert.

Der Verfasserin dieses »Eßdolmetschers Spanien« gebührt das Verdienst, das bisher umfangreichste Inventar spanischer gastronomischer Ausdrücke verfaßt zu haben, das weit über das hinausgeht, was alle einsprachigen spanischen und zweisprachigen spanisch-deutschen Wörterbücher an gastronomischem Wortschatz bisher registriert haben. Sollten Sie dennoch in diesem »Eßdolmetscher« nicht alle Bezeichnungen von Speisen und Getränken finden, die Ihnen in Spanien begegnen können, bedenken Sie, daß es für viele Gerichte Bezeichnungen gibt, die sogar von einem Restaurant zum anderen verschieden sind und die ihre Entstehung oft nur der Phantasie der Gastronomen verdanken.

Wer die Spezialitäten der spanischen Küche richtig genießen oder beim Einkauf von Speisen und Getränken genau wissen will, was ihm angeboten wird, wird im »Eßdolmetscher Spanien« reichlich Information finden. Zu begrüßen ist, daß in dieses gastronomische Wörter-

buch auch Bezeichnungen in den drei erwähnten Regionalsprachen aufgenommen worden sind, wie sie der Reisende heute sehr häufig auf den Speisekarten der betreffenden Regionen, aber nicht in seinem Reisesprachführer oder Wörterbuch findet.
Der »Eßdolmetscher Spanien« spiegelt die ganze Vielfalt der spanischen Küche wider, bei der man über die verschiedenen regionalen Spezialitäten hinaus dennoch gewisse Gemeinsamkeiten feststellen kann, wie z. B. die überwiegende Verwendung von Olivenöl (oder anderen Pflanzenölen), von Knoblauch und Zwiebeln, das überreichliche und sehr variierte Angebot an Fischen und Meeresfrüchten mit den verschiedensten Zubereitungsarten, die Häufigkeit von Eierspeisen (z. B. *tortillas*) und Verwendung von Eiern bei Süßspeisen (z. B. beim *flan*) und ganz allgemein, soweit die gute traditionelle Küche noch nicht durch eine moderne Schnellküche ersetzt wurde, das sorgfältige, langsame Garkochen der Speisen bei häufiger Verwendung von irdenen Schüsseln und Formen. Eine andere Gemeinsamkeit über die regionalen Varietäten hinaus ist die Häufigkeit von Speisen, z. T. Eintopfgerichten, mit einer Grundsubstanz (Reis, Kichererbsen, weiße Bohnen) und vielen verschiedenen Ingredienzen wie beim *puchero*, bei der *olla*, beim *pote gallego*, bei der *paella*, der *fabada* usw.
Möge der »Eßdolmetscher Spanien« für alle Spanienreisenden und Freunde spanischer Küche ein zuverlässiger Begleiter durch die Vielfalt der gastronomischen Terminologie Spaniens sein und ihnen helfen, Speisen und Getränke im Lande Don Quijotes mit Kenntnis und bei Verwendung der richtigen Bezeichnungen noch besser zu genießen.
Prof. Dr. Günther Haensch
Universität Augsburg

Abkürzungen

bask.	baskisch
galic.	galicisch
kat.	katalanisch
reg.	regional
s. d.	siehe dies
vgl.	vergleiche

ñ ist im spanischen Alphabet ein eigener Buchstabe. Um dem sprachunkundigen Leser den Umgang mit dem »Eßdolmetscher« zu erleichtern, wurden jedoch in diesem Fall die entsprechenden Wörter unter n in alphabetischer Reihenfolge aufgeführt.

Die spanischen Regionen

Für den reisenden Feinschmecker ist die Landkarte genauso wichtig wie die Speisekarte. Denn alles gute Essen und Trinken beginnt mit der Frage: »Wo bin ich?« Und: »Was darf ich von Küche und Keller dieser Gegend erwarten?«

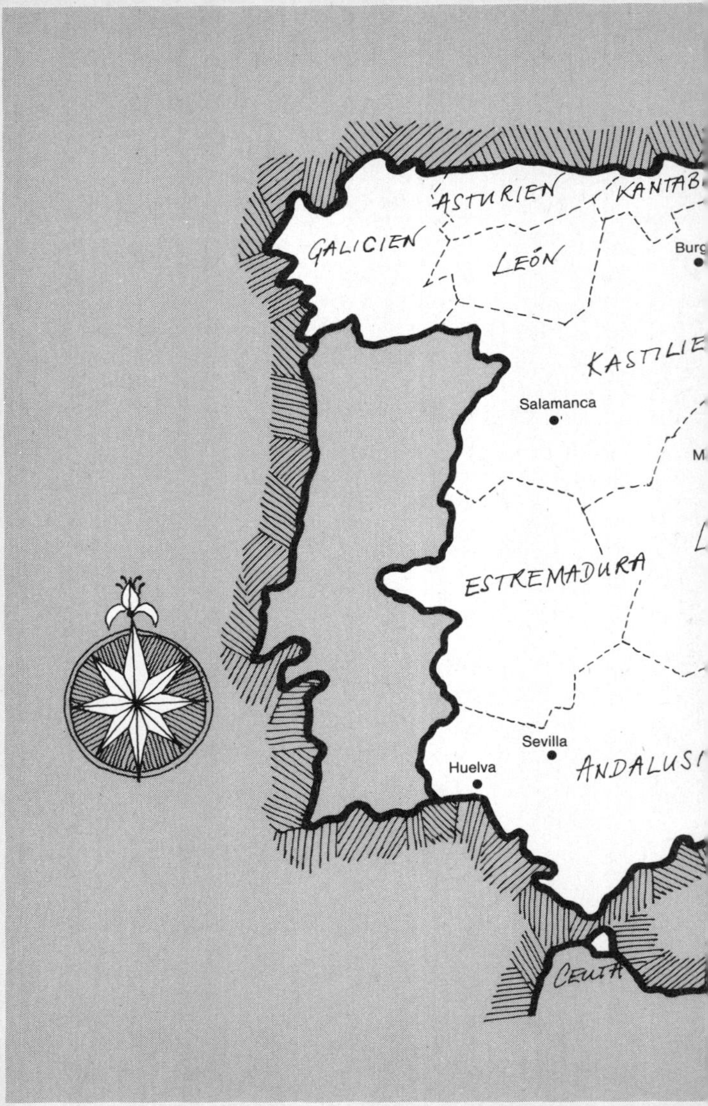
ASTURIEN
KANTAB
GALICIEN
LEÓN
Burg
KASTILIE
Salamanca
ESTREMADURA
Sevilla
Huelva
ANDALUSI
CEUTA

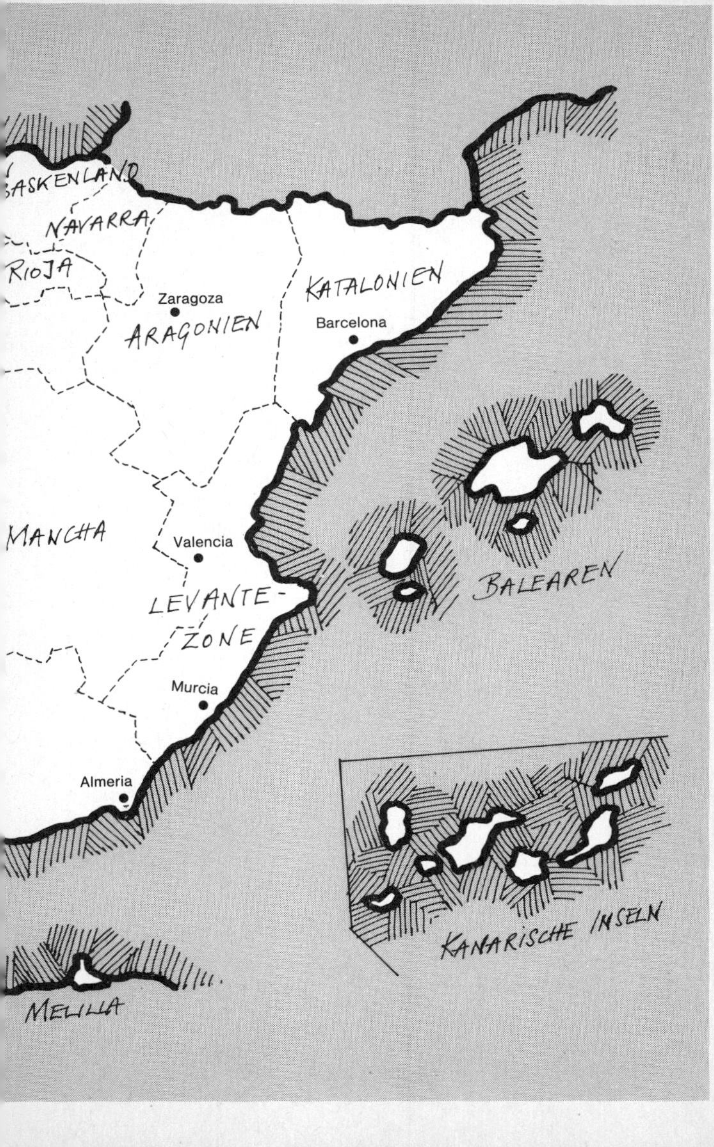
BASKENLAND
NAVARRA
RIOJA
Zaragoza
ARAGONIEN
KATALONIEN
Barcelona
MANCHA
Valencia
LEVANTE-
ZONE
Murcia
Almeria
BALEAREN
KANARISCHE INSELN
MELILLA

Andalusien

Wer verbindet mit Andalusien nicht sogleich den weltberühmten Jerez (Sherry). Oder den *gazpacho,* der – mit vielen Varianten – als erfrischendes Sommergericht in ganz Spanien beliebt wurde. Oder aber die *tapas,* die ihren Ursprung in Sevilla haben, aber schnell überall Anhänger fanden. Es sind kleine Vorspeisen und Häppchen, die man zu einem Glas Wein ißt, die aber manchmal schon eine ganze Mahlzeit ersetzen. Andalusien ist aber auch die Region der *fritos,* der in Öl gebackenen Gerichte, wie z. B. die *pescaítos fritos, chanquetes* etc. (winzige Fischchen) und der *huevos fritos* (in Olivenöl gebratene Spiegeleier). Kaltgepreßtes Olivenöl wird auch für köstliche Desserts – die *frutos de sarten* (fritierte Nachspeisen) – verwendet. Fische und Meeresfrüchte aus dem Atlantik bietet die Costa de la Luz (Provinz Huelva). Aus Córdoba stammt der *salmorejo,* eine püreeartige Variante des *gazpacho;* aus Málaga der *ajo blanco,* eine kalte Suppe aus Brot, Mandeln und Knoblauch. *Huevos a la flamenca* sind Spiegeleier mit Tomaten, Erbsen, Schinken und Paprikawurst. Eine Delikatesse ist der im Schnee der Sierra Nevada getrocknete Schinken aus Trevélez, dem höchstgelegenen Dorf Spaniens, sowie der Jabugo aus der Provinz Huelva. Unverkennbar arabischen Ursprungs ist die Riesenauswahl an Gebäck und Süßigkeiten (*polvorones, alfajores, tortas de aceite, yemas de Santa Teresa* usw.), die zum Teil noch heute in Klöstern hergestellt werden. An Weinen erzeugt Andalusien außer Sherry die Süß- und Muskatellerweine aus Málaga sowie die sherryähnlichen trockenen Weine aus Montilla-Moriles in der Provinz Córdoba.

Aragonien

Die aragonische Küche ist einfach, aber nahrhaft und zeichnet sich durch die Qualität der Landesprodukte aus, insbesondere Lamm- und Schweinefleisch, Geflügel, Würste, Schinken sowie reichlich Obst und Gemüse aus dem fruchtbaren Ebrotal. Eine Spezialität, die Aragonien mit der benachbarten Rioja-Region teilt, ist der *chilindrón,* eine dicke Sauce aus Tomaten, Zwiebeln und Paprikaschoten. Typische Gerichte: *pollo* (Hähnchen) *a la chilindrón; ternasco en espeto* (Milchlamm am Spieß); im Ofen gebratener Lammkopf; *magras con tomate* (gebratene Schinkenscheiben mit Tomatensauce); *migas* (geröstete Brotwürfel) und die originellen »Bergspargel« *(espárragos montañeses),* die aber keine Spargel, sondern gebratene Lammschwänze sind. Hervorragend ist der luftgetrocknete Schinken aus Teruel. Süßigkeiten: kandierte Früchte und *guirlache,* eine Art *turrón* aus Mandeln und Karamel. Aus Cariñena, südlich von Saragossa, kommen hochprozentige Rot- und Roséweine, die zu den stärksten Spaniens gehören. Weitere Weinbaugebiete: Campo de Borja am Ebro und Somontano in den Pyrenäenausläufern.

Asturien

Die Küche Asturiens zeichnet sich, wie die seiner Nachbarn Galicien und Kantabrien, durch die Qualität der Fische und Meeresfrüchte aus dem Kantabrischen Meer aus (so nennt man den der Nordküste Spaniens vorgelagerten Teil des Atlantiks). Das asturische Nationalgericht ist die *fabada,* ein deftiger Eintopf aus besonders großen weißen Bohnen *(fabes)* mit Speck und verschiedenen Wurstsorten. Eine andere Spezialität ist der Apfelwein *(sidra),* der in besonderen Lokalen *(chigres)* ausgeschenkt wird und Zutat vieler typischer Gerichte ist (z. B. *merluza a la sidra,* Seehecht mit Apfelwein). Sprichwörtlich ist der Lachsreichtum der asturischen Flüsse (vor allem Nalón und Sella). Als Nachspeise ist der Milchreis *(arroz con leche)* beliebt, der hier eine im übrigen Spanien nicht erreichte Qualität besitzt. Berühmt ist auch der Cabrales, ein scharfer Edelpilzkäse, den man als den spanischen Roquefort bezeichnet.

Die Balearen

Die typischen Gerichte der außerordentlich reichhaltigen einheimischen Küche sind leider kaum noch auf den Speisekarten zu finden. Doch gibt es einige Spezialitäten, an denen auch die Touristen Geschmack finden. Allen voran die *ensaimadas,* große Blätterteigschnecken; die *sobrasada,* eine streichfähige Paprikawurst; *tumbet,* eine Gemüsepastete auf Auberginenbasis; *cocas,* eine Art Pizza mit verschiedenem Belag (Gemüse, Fisch, Fleisch) oder süß mit Zucker bestreut; *huevos al estilo de Sóller,* Spiegeleier mit *sobrasada; escaldums,* Hähnchen- oder Truthahnstücke in Mandelsauce. Die *caldereta de langostas* (Langustenstücke in aromatischer Sauce) ist typisch für Menorca, ebenso der hervorragende Käse von Mahón, der Hauptstadt der Insel, die auch der hier erfundenen Mayonnaise den Namen gab.

Gute Landweine gedeihen im Zentrum von Mallorca (Binisalem, Felanitx). Auf Menorca, das lange Zeit in englischer Hand war, wird Gin nach englischer Tradition hergestellt. Berühmt sind auch die starken Kräuterliköre der Inseln.

Das Baskenland

Die Basken stehen in dem Ruf, gut, gern und reichlich zu essen. Es verwundert demnach nicht, daß die Kochkunst bei ihnen einen hohen Stellenwert besitzt. Die Küche ist einfach und raffiniert zugleich und basiert in erster Linie auf Fischen und Meeresfrüchten jeder Art.

Spezialitäten: *bacalao al pil-pil* (Stockfisch mit Öl und Knoblauch langsam gegart); *bacalao a la vizcaína* (Stockfisch mit getrockneten Paprikaschoten und Zwiebeln); *merluza a la vasca* (Seehecht in Knoblauch-Petersilien-Sauce); *kokotxas* (Kiemenbacken des Seehechts);

angulas (Glasaale in heißem Öl mit Knoblauch gebraten); *txangurro* (Meerspinne, ein Krustentier); *chipirones en su tinta* (kleine Tintenfische in schwarzer, aus der »Tinte« gewonnenen Sauce); Sardinen; *besugo* (Meerbrasse) etc. Typisch sind auch die kräftigen Eintopfgerichte auf Fischbasis: *marmitako* (Thunfisch mit Kartoffeln); *tioro* oder *ttoro* (gemischter Fischtopf); *purrusalda* (Stockfisch mit Porree). Aber auch das Fleisch ist von ausgezeichneter Qualität, z. B. die *chuletones de Bérriz,* gegrillte Riesenkoteletts. Typische Süßspeisen: *bizcochos rellenos de Vergara* (mit Creme gefülltes Biskuitgebäck), *canutillos de Bilbao* (mit Creme gefüllte Blätterteigröllchen). Hervorragend ist der Schafskäse mit leichtem Rauchgeschmack aus Idiazábal. An Weinen gedeiht hier nur der *chacolí (bask. txacolí),* leichte, etwas säuerliche Weiß- und Rotweine, die jung getrunken werden.

Estremadura

Die Küche dieser im Südwesten Spaniens gelegenen, an Portugal angrenzenden Region ist ländlich-kräftig und basiert auf den Produkten einer besonderen, mit Eicheln gemästeten Schweinerasse. Berühmt sind die Würste und Schinken, insbesondere der von Montánchez. Weitere Spezialitäten sind Gerichte aus Lamm- und Zickleinfleisch *(caldereta; frite);* Wildgeflügel jeder Art; *migas* (geröstete Brotwürfel mit Speck und getrockneten Paprikaschoten); *criadillas de tierra* (weiße Trüffeln); eine Variante des *gazpacho,* etc. Berühmt ist das Obst von San Benito (Provinz Cáceres), vor allem aber die Kirschen aus dem Tal des Jerte-Flusses.
Die Weine der Region sind gut, wenn auch nicht sehr verbreitet: überwiegend leichte, trockene Weißweine aus der Tierra de Barros (Provinz Badajoz), Cañamero und Montánchez (beide Provinz Cáceres).

Galicien

Diese im äußersten Nordwesten Spaniens an der Atlantikküste gelegene Region ist dank ihrer unübertrefflichen Fische und Meeresfrüchte ein Paradies für Feinschmecker. Es gibt Austern, Hummer, Muscheln jeder Art, darunter die große Pilger- oder Jakobsmuschel *(vieira),* deren Schale das Wahrzeichen der mittelalterlichen Santiago-Pilger war. Das feuchte galicische Klima sorgt aber auch für saftige Weiden – eine Seltenheit in Spanien – und entsprechend hervorragendes Rindfleisch.
Typische Gerichte: *lacón con grelos* (eine Art gesalzene, luftgetrocknete Schweinshaxe mit jungen Steckrübenblättern); *pulpo a feira* (marinierte, gekochte Krake); *empanadas* (mit Fleisch oder Fisch gefüllte große Teigpasteten); kräftige Eintopfgerichte mit weißen Bohnen wie *pote* und *caldo gallego;* die mit Wein gemästeten Kapaune von Villalba; *pimientos de Padrón* (kleine grüne Paprikaschoten) etc.

Reich ist die Auswahl an Kuchen und Süßspeisen, u. a. die *tarta de Santiago* und die *filloas,* eine Art Crêpes. Käsespezialitäten sind San Simón, ein Räucherkäse, und der milde *tetilla.* Die typischen galicischen Weine (Ribeiro) sind jung, spritzig, etwas säuerlich und werden aus Porzellantassen getrunken. Spitzenqualität erreicht der berühmte Albariño-Wein.
Eine galicische Spezialität ist auch der Tresterbranntwein *(orujo),* der, flambiert und mit Zitrone gewürzt, ein grogähnliches Getränk ergibt, die *queimada.*

Die Kanarischen Inseln

Die zum Teil sehr exotisch anmutenden Gerichte der kanarischen Küche sucht man auf den Speisekarten in den Touristenzentren häufig vergebens. Grundnahrungsmittel der einheimischen Bevölkerung war lange Zeit der *gofio* (geröstetes Getreidemehl, mit Wasser oder Milch zu einem Kloß geformt), als Beilage oder Brotersatz. Landesprodukte sind u. a. Bananen, Tomaten, Süßkartoffeln, Jamswurzel, Kürbis. Spezialitäten: Gerichte aus einheimischen Fischarten (z. B. *sama* und *vieja*); *papas arrugadas* (in sehr salzigem Wasser so lange gekochte Kartoffeln, bis die Schale runzelig wird); *sancocho,* eine Art Fischtopf; *cocido* oder *puchero canario,* ein Eintopf aus Kichererbsen und einheimischen Gemüsesorten. Beliebte Beilage ist der *mojo,* eine je nach Zutaten mehr oder weniger pikante Sauce. Backwerk und Süßspeisen werden aus Banane, Kokos, Honig, Feigen, Süßkartoffeln etc. hergestellt.
Die kanarischen Weine waren in früheren Zeiten berühmt. Heute wird nur noch wenig angebaut, u. a. ein Malvasier auf Lanzarote, ein würziger Rotwein in Tacoronte (Teneriffa) und ein trockener Klarettwein in Fuencaliente (La Palma).

Kantabrien

Diese zwischen Asturien und dem Baskenland gelegene Region (Hauptstadt Santander) unterscheidet sich in kulinarischer Hinsicht kaum von ihren Nachbarn. Auch hier basiert die Küche auf der Vielzahl von Atlantikfischen und Krustentieren: Seehecht, Meerbrasse, Sardinen etc., sowie Forellen und Lachse aus den Gebirgsflüssen. Zu den berühmten Fischgerichten zählen zum Beispiel *sardinas en cazuela* de Laredo (geschmorte Sardinen nach Art von Laredo) oder die *rabas de Santander* (Tintenfische von Santander). Eine Besonderheit ist der *arroz santanderino,* ein Reisgericht mit frischem Lachs, Milch und Butter. Typisch sind auch die *rabas,* gebratene Tintenfischstücke. Groß ist die Auswahl an Backwerk und Süßspeisen, u. a. die *quesada,* eine Art Käsekuchen aus Frischkäse, Butter und Honig, die *sobaos pasiegos,* ein Butter-Eier-Gebäck, oder die verschiedenen Cremespeisen.

Kastilien

Gemeint ist hier im wesentlichen das frühere Altkastilien mit den Provinzen Ávila, Burgos, Palencia, Salamanca, Segovia, Soria, Valladolid und Zamora. Dieses umfangreiche Gebiet hat kulinarisch einen gemeinsamen Nenner: es ist die Zone der Braten *(asados).* Verdienten Ruf genießen z. B. die Spanferkel *(cochinillo* oder *tostón)* von Segovia und die Milchlammbraten *(cordero lechal* oder *lechazo)* von Valladolid, möglichst im Holzofen gebraten. Eine wichtige Rolle spielten in der kastilischen Küche von jeher die Eintopfgerichte – hier *cocido* oder *olla* genannt – auf der Basis von Hülsenfrüchten, hauptsächlich Kichererbsen. Aus der Brühe des *cocido* entstehen häufig noch kräftig mit Knoblauch gewürzte Suppen. Weitere Spezialitäten: *gallina en pepitoria* (Huhn in Wein-Mandel-Sauce); Rebhühner, Wachteln, Kaninchen – alles immer mit viel Knoblauch zubereitet –; Wurstarten wie *chorizo* und *morcilla;* Schinken und *farinatos* (eine Wurstart) aus Salamanca etc. Die kastilischen Flüsse liefern Forellen und Flußkrebse. Bekannteste Käsesorten: die Frischkäse aus Burgos und Villalón. Hervorragende Weine, die zu den besten Spaniens gehören, kommen aus dem Duero-Tal, so die trockenen Weißweine von Ruedo (Provinz Valladolid) oder der berühmte Vega Sicilia aus dem kontrollierten Anbaugebiet Ribera del Duero.

Katalonien

Im Nordosten Spaniens gelegen, vom Mittelmeer und im Norden von Frankreich begrenzt, umfaßt Katalonien die Provinzen Barcelona, Gerona, Tarragona und Lérida. Die katalanische Küche gilt als eine der vielseitigsten und einfallsreichsten Spaniens. Reich an Produkten aller Art, verwendet sie Fische und Meeresfrüchte aus dem Mittelmeer, Fleisch (berühmt ist das Rindfleisch von Gerona), Würste (*butifarra, fuet,* vor allem aus Vic), Wild, Geflügel, Reis, Gemüse in oft ungewöhnlichen Zusammenstellungen, so wird Fisch mit Fleisch oder Wild kombiniert, Hähnchen mit Languste etc. Typisch ist auch die Vorliebe für süß-salzige Kombinationen wie Spinat mit Rosinen und Pinienkernen, Languste oder Hase mit Schokoladensauce, Zicklein mit Birnen etc. Weitere Spezialitäten: *escudella i carn d'olla* (Eintopf mit Kichererbsen); Stockfischgerichte; dicke Bohnen *(habas); samfaina* (geschmortes Gemüse); *suquet* und *zarzuela* (Fischgerichte); *allioli,* die berühmte Knoblauchmayonnaise – um nur einiges herauszugreifen. Eine katalanische Erfindung ist auch *pan con tomate* (geröstete Weißbrotscheiben mit Öl, Tomate und evtl. Schinken). Eine originelle Sitte ist das Frühlingszwiebelessen *(calçotada)* in der Provinz Tarragona. Typische Süßspeisen: *crema catalana* (Cremespeise mit Karamelkruste) oder *mel i mató* (Frischkäse mit Honig). Groß ist die Auswahl an vorzüglichen Weinen aus dem Penedès, Priorat, Tarragona und dem Ampurdán. Im Penedès, südöstlich von Barcelona, vor allem in Sant Sadurní d'Anoia, werden zudem über 90% aller spanischen Schaumweine, *cava* genannt, erzeugt.

León

Die Provinz León, im Nordwesten Spaniens zwischen Galicien, Asturien, Kantabrien und Kastilien gelegen, besitzt eine eigenständige und eine von den Nachbarregionen, vor allem Galicien *(lacón con grelos, cachelada)* beeinflußte Küche. Fleisch, Milch, Butter und Käse sind von bester Qualität. Die Gebirgsflüsse liefern Forellen en masse. Aus der Maragatería (Hauptstadt Astorga) stammt der typische Eintopf *(cocido maragato)* aus Kichererbsen und 9 verschiedenen Fleisch- und Wurstarten. Der an Galicien angrenzende Landstrich El Bierzo hat als Spezialität den *botillo,* eine Wurstart, die gekocht mit Kartoffeln und eventuell Gemüse gegessen wird. Typische Süßigkeiten: *mantecadas de Astorga, nicanores de Boñar, yemas de León* u. a.
Ausgezeichnete Tischweine der Provinz León gedeihen in El Bierzo (Cacabelos) und im Gebiet südlich der Hauptstadt León (Valdevimbre, Los Oteros).

Die Levante-Zone

Unter diesem Begriff faßt man zuweilen die vier Mittelmeerprovinzen Castellón, Valencia, Alicante und Murcia zusammen. Kulinarisch ist dies gerechtfertigt, da in allen vier Regionen die Reisgerichte dominieren. Allen voran die berühmte *paella,* für die es kein bestimmtes Rezept gibt, da sie alle nur erdenklichen Zutaten in verschiedensten Kombinationen enthalten kann: Fische und Meeresfrüchte, Fleisch, Geflügel, Schnecken, Gemüse etc. Andere Reisspezialitäten sind: *arroz a banda* (in Fischbrühe gekocht), *arroz con costra* (im Ofen überbacken), *arroz empedrado* (mit Stockfisch und weißen Bohnen), *arroz rossejat* (mit goldgelb angebratenen Zwiebeln) etc. Eine große Rolle spielen naturgemäß die Fischgerichte und Meeresfrüchte, oft mit einer Sauce aus Öl, Knoblauch und Paprikapulver *(all-i-pebre)* gereicht. Eine Delikatesse sind die Aale *(anguilas)* aus der Albufera, einer Lagune südlich von Valencia. Aus dem Mar Menor bei Murcia kommt die Meeräsche *(mújol),* deren Rogen besonders geschätzt wird. Die Huerta, das fruchtbare Bewässerungsgebiet um Murcia, liefert Obst und Gemüse im Überfluß. Unter den zahlreichen Süßigkeiten ist der *turrón* aus Alicante und Jijona am bekanntesten, vermutlich arabischen Ursprungs. Er wird in ganz Spanien in großen Mengen zu Weihnachten verzehrt.
Weine: schwere Rotweine aus Jumilla und Yecla (Provinz Murcia); Rot- und Roséweine und Muskateller aus Alicante; leichtere Rosés aus Utiel-Requena (Provinz Valencia) und überwiegend trockene, frische Weißweine aus Valencia.

La Mancha

Diese Zone mit den Provinzen Albacete, Ciudad Real, Cuenca, Guadalajara, Madrid und Toledo entspricht etwa dem ehemaligen Neukastilien. Die Küche der Mancha ist nahrhaft und traditionsgebunden: Knoblauchsuppen; *ajo arriero* (ein Stockfischgericht); *morteruelo* (eine Art Wildpastete, Spezialität von Cuenca); Rebhühner, insbesondere von Toledo; ein *gazpacho,* der mit dem andalusischen nichts gemein hat (es handelt sich vielmehr um ein kräftiges Gericht auf Wild- und Geflügelbasis) sind typisch für diese Region. Der *pisto manchego* (geschmortes Mischgemüse) ist eine Variante der katalanischen *samfaina.* Madrid hat als typische Gerichte die *callos a la madrileña* (Kutteln in Tomaten-Zwiebel-Sauce) und den *cocido,* einen Eintopf auf der Basis von Kichererbsen. In ganz Spanien berühmt ist der Manchego, ein delikater Schafskäse. In Toledo wird vorzügliches Marzipan hergestellt. Die Mancha besitzt das ausgedehnteste Weinbaugebiet Spaniens (rund 480000 ha), am bekanntesten sind die Weine aus Valdepeñas (Provinz Ciudad Real).

Navarra

Die Küche dieser Region (Hauptstadt Pamplona) ist der ihrer Nachbargebiete Aragonien, Baskenland und La Rioja ähnlich. Auch hier gedeiht das vorzügliche Gemüse des Ebrotals (berühmt ist der Spargel). Jeder Feinschmecker kennt die *trucha a la navarra* (Forelle mit Schinken gefüllt). Wildgeflügel jeder Art – Rebhühner, Wachteln, Turtel- und Ringeltauben – sowie Hasen und Kaninchen werden auf verschiedenste Weise zubereitet. Weitere Spezialitäten: *chuletas a la navarra* (Lammkoteletts mit Tomaten und Paprikawurst); *cochifrito navarro* (eine Art Lammragout); *sopa de potaje de coles* (Kohlsuppe); *chistorra* (eine Wurstart); Roncal, ein würziger Schafskäse. Navarra erzeugt Qualitätsweine mit geschützter Herkunftsbezeichnung.

La Rioja

Diese Region am Oberlauf des Ebro ist vor allem durch ihre weltberühmten Weine bekannt. Die Küche ist von den Nachbarregionen Aragonien, Kastilien und Navarra beeinflußt, hat aber dank der hervorragenden Qualität der Landesprodukte – insbesondere Lamm- und Zickleinfleisch, Paprikawurst, frisches Gemüse, darunter vor allem Paprikaschoten und Spargel – eine ganze Reihe typischer Gerichte entwickelt. Der Zusatz »a la riojana« bedeutet meist, daß das entsprechende Gericht mit roten Paprikaschoten, mit Paprikawurst *(chorizo)* und gelegentlich auch mit Spargel zubereitet ist. Spezialitäten: Lamm- und Zickleinbraten, über Rebholz gebratene Lammkoteletts, gefüllte Paprikaschoten, *pochas* (frisch ausgehülste Bohnenkerne), *pisto* und *menestra* (Gemüsegerichte), Knoblauchsuppen etc.

Restaurants und Läden

Hinter welchem Namen sich spanische Restaurants und Lebensmittelläden aller Art verstecken, sagt Ihnen das folgende Vokabular.

alimentación	Lebensmittel(geschäft)
alimentación de régimen	Reformhaus
autoservicio	Selbstbedienung(sladen)
bar	Lokal, in dem man, meist an der Theke, schnell etwas trinkt, frühstückt oder eine Kleinigkeit ißt
bar americano	Bar, Nachtlokal
bar de copas	Cocktail-Bar
bar-restaurante	bar (s. o.) mit Restaurantbetrieb
barra americana	siehe bar americano
bodega	Weinkeller bzw. -handlung, manchmal mit Imbißmöglichkeit
boîte	Nachtlokal
bollería	Feinbäckerei
bombonería	Süßwarengeschäft
café	einfaches Lokal, in dem man trinken und Kleinigkeiten essen kann (nicht Konditorei!)
café-restaurante	café (s. o.) mit Restaurantbetrieb
cafetería	kleines Lokal für einen schnellen Imbiß
cantina	Kantine
carnicería	Fleischerei, Metzgerei
centro comercial	Einkaufszentrum
cervecería	Bierlokal und Restaurant
chacinería	Schweinemetzgerei
champañería	Sektausschank
charcutería	Wurstwarenhandlung, Feinkostgeschäft
chigre	in Asturien Ausschank von Apfelwein (sidra)
chiringuito	Trinkbude im Freien, z. B. am Strand, oft mit Imbißmöglichkeit
chocolatería	eine Art Frühstücksstube

churrería	Stand, an dem »churros« und anderes Ölgebäck, Pommes frites etc. gebraten und verkauft werden
club nocturno	Nachtclub
coctelería	Cocktail-Bar
colmado	1. in Katalonien: Lebensmittelgeschäft; 2. in Andalusien: kleines Lokal, Weinschenke
confitería	Süßwarengeschäft
crois(s)antería	auf Croissants und ähnliches Backwerk spezialisierte Feinbäckerei
droguería	Drogerie
estanco	Tabak- und Briefmarkenverkauf (Monopol)
farmacia	Apotheke
figón	gelegentlich Bezeichnung für ein typisches Restaurant
fonda	einfaches Gasthaus mit preiswerter Küche
frankfurtería	Würstchenbude
freiduría	Fischbraterei, oft auf offener Straße
fruta y verdura	Obst- und Gemüse(handlung)
frutería	Obstgeschäft
grandes almacenes	Kaufhaus
granja	Milchstube, Milchbar
hamburguesería	Hamburgergaststätte
heladería	Eisdiele, Eissalon
hipermercado	großer Supermarkt
horchatería	hier gibt es horchata (Erdmandelmilch) und andere Erfrischungsgetränke
hostal	Gasthof, Hotel, meist mit Restaurant
hostería	Gasthof
hotel	Hotel, fast immer mit Restaurant

huevería	Eierhandlung
kiosko	siehe quiosco
lechería	Milchgeschäft
librería	Buchhandlung
marisquería	Spezialitätenrestaurant für Meeresfrüchte; Meeresfrüchtehandlung
mercado	Markt
mercado de pescado	Fischmarkt
mercería	Kurzwarengeschäft
merendero	Ausflugslokal im Freien, wo das Essen selbst mitgebracht werden kann
mesón	typisches Restaurant, oft mit rustikalem Ambiente
panadería	Bäckerei
papelería	Papierwarengeschäft
parador	staatliches Hotel mit Restaurant
parrilla	Restaurant mit Grillspezialitäten, auch Grillroom eines Hotels
pastelería	Konditorei
perfumería	Parfümerie
pescadería	Fischgeschäft
pizzería	Pizzeria
pollería	Geflügelhandlung
pub	eine Art Cocktail-Bar
quiosco	Kiosk, Zeitungsstand
restaurante	Restaurant
restaurante autoservicio	Selbstbedienungsrestaurant
restaurante de especialidades	Spezialitätenrestaurant
restaurante jardín	Gartenlokal
restaurante rápido	Schnellgaststätte
restaurante vegetariano	vegetarisches Restaurant
sala de baile	Tanzlokal

sala de fiestas	Vergnügungslokal, Varieté
salón de té	eine Art Konditorei-Café
sandwichería	hier gibt es belegte Brote jeder Art
snack(-bar)	Schnellgaststätte
supermercado	Supermarkt
tabacos	Tabakwarengeschäft, verkauft auch Briefmarken (siehe estanco)
taberna	Weinlokal, Taverne
tasca	Kneipe
tienda de comestibles	Lebensmittelgeschäft
tienda de productos dietéticos (o de régimen)	Reformhaus
tocinería	Schweinemetzgerei
ultramarinos	ältere Bezeichnung für Lebensmittelgeschäft
venta	Gasthaus (vor allem in Südspanien)
verdulería	Gemüsehandlung
vinatería	Weinhandlung
vinos y licores	Wein- und Spirituosenhandlung
whiskería	Whisky-Bar

Zur ersten Orientierung auf der spanischen Speisekarte

Auf den ersten Blick erscheint eine spanische Speisekarte wie ein Labyrinth. Dann aber entdeckt man, daß in diesem Labyrinth ein paar Wegweiser stehen: jene dick- und großgedruckten Wörter, die das Repertoire der Speisen und Gerichte gliedern. Wer diese Wegweiser kennt, kommt auf dem kürzesten Weg zum Gewünschten.

abierto festivos	an Feiertagen geöffnet
abierto todo el año	ganzjährig geöffnet
abierto todos los días	täglich geöffnet
almuerzo	1. kräftiges zweites Frühstück (reg.) 2. Mittagessen
aves	Geflügel
en la barra	an der Theke
barra libre	Getränke frei
bebidas incluídas	Getränke im Preis inbegriffen
bebidas no incluídas	Getränke nicht inbegriffen
buffet de desayuno	Frühstücksbuffet
buffet de ensaladas	Salatbuffet
buffet frío	kaltes Buffet
buffet libre	Selbstbedienungsbuffet
carnes	Fleischgerichte
carnes a la brasa	Fleischgerichte vom Rost
carnes a la parrilla	Fleischgerichte vom Grill
carnes a la plancha	auf einer Metallplatte gebratene Fleischgerichte
carro de ensaladas	Salate vom Wagen
carro de pastelería	Kuchen vom Wagen
carro de postres	Nachspeisen vom Wagen, Dessertwagen
carta	Speisekarte
carta del día	Tageskarte
carta de postres	Nachspeisenkarte
carta de vinos	Weinkarte
de la casa	nach Art des Hauses, hausgemacht
caza	Wildgerichte
cena	Abendessen
cerrado domingos y festivos	an Sonn- und Feiertagen geschlossen

cerrado el lunes	montags geschlossen
cerrado por vacaciones	wegen Urlaub geschlossen
el chef recomienda	der Küchenchef empfiehlt
cocina casera	(gut)bürgerliche Küche
cocina marinera	auf Fisch und Meeresfrüchte spezialisierte Küche
cocina de mercado	marktorientierte Küche
cocina permanente	durchgehend warme Küche
cocina regional	regionale Küche
cocina vegetariana	vegetarische Küche
comida	1. Essen; 2. Mahlzeit; 3. Mittagessen
comidas caseras	Hausmannskost, gutbürgerliche Küche
comidas para llevar	Gerichte zum Mitnehmen
crustáceos	Krustentiere
degustación gratuita	kostenlose Eß- oder Trinkprobe
desayuno	Frühstück
desayuno continental	»kontinentales« Frühstück, d. h. mit Brötchen, Butter, Marmelade etc.
día de descanso	Ruhetag
a discreción	soviel man will
la docena	das Dutzend, pro Dutzend
dulces	Süßspeisen
a elegir	nach Wahl
por encargo	auf Bestellung
ensaladas	Salate
entradas	Vorspeisen
entrantes	Vorspeisen
entremeses	Vorspeisen
entretenimientos	kleine Vorspeisen, Häppchen (die man ißt, während man auf das Essen wartet)

especialidad de la casa	Spezialität des Hauses
especialidad del día	Spezialität des Tages
fruta	Obst
gran surtido de . . .	große Auswahl an . . .
guarnición	Beilagen
con guarnición	mit Beilagen
al gusto	nach Belieben, nach Wahl
helados	Eis
horario de cocina	die Küche ist geöffnet von . . . bis . . .
al horno	im Ofen gebraten
al horno de leña	im Holzofen gebraten
hortalizas	Gemüse
huevos	Eier, Eiergerichte
incluído	inbegriffen
I. V. A. incluído (en el precio)	Mehrwertsteuer (im Preis) inbegriffen
I. V. A. no incluído	Mehrwertsteuer nicht inbegriffen
lista de platos	Speisekarte
lista de precios	Preisliste
local con aire acondicionado	klimatisiertes Lokal
local climatizado	klimatisiertes Lokal
mariscos	Meeresfrüchte
menú	Menü
menú de degustación	Probiermenü
menú del día	Tagesmenü
menú dietético	Diätmenü
menú gastronómico	gastronomisches Menü (für gehobene Ansprüche)
menú infantil	Kindermenü
menú ligero en calorías	kalorienarmes Menü
menú para niños	Kindermenü
menú a precio fijo	Menü zum festen Preis

menú a régimen	Diätmenü
menú turístico	Touristenmenü (preiswertes Menü mit drei bis vier Gängen)
menú vegetariano	vegetarisches Menü
merienda	kleiner Imbiß am Nachmittag
(mínimo) . . . personas	(mindestens) . . . Personen
. . . minutos de espera	. . . Minuten Wartezeit
pan	Brot
para llevar	zum Mitnehmen
a la parrilla	vom Grill
a la parrilla de carbón	vom Holzkohlengrill
pastas	Teigwaren, Nudelgerichte
pastelería	Kuchen und Gebäck
pasteles	Kuchen
pescados	Fischgerichte
pida la carta de vinos	verlangen Sie die Weinkarte
por persona	pro Person
por pieza	pro Stück
a la plancha	auf einer Metallplatte gebraten
plato	1. Teller; 2. Gericht; 3. Gang
plato caliente	warmes Gericht
plato combinado	gemischter Teller (meist Fleisch oder Fisch mit Beilagen)
plato del día	Tagesgericht
plato frío	kaltes Gericht
plato principal	Hauptgericht
plato rápido	Schnellgericht
plato recomendado	empfohlenes Gericht
plato típico	typisches Gericht
postres	Nachspeisen, Desserts
primer plato	erster Gang
quesos	Käse

recomendaciones del día	Empfehlungen des Tages
les recomendamos hoy	heute empfehlen wir Ihnen
repostería	Nachspeisen
reservas de mesa	Tischbestellungen
según peso	(Preis) nach Gewicht
según tamaño	(Preis) nach Größe
segundo plato	zweiter Gang
servicio incluído	Bedienung inbegriffen
servicio no incluído	Bedienung nicht inbegriffen
servicio e impuestos incluídos	Bedienung und Steuern inbegriffen
sopas	Suppen
s. p. (= según peso)	(Preis) nach Gewicht
sugerencias del chef	Empfehlungen des Küchenchefs
sugerencias del día	Empfehlungen des Tages
suplemento . . . pts.	. . . Peseten zusätzlich
en temporada	in der Saison
verduras	Gemüse
vinos	Weine
vivero propio	eigenes Fischbassin
a voluntad	soviel man will

Eßvokabular spanisch-deutsch

Jede spanische Region hat ihre eigenen Spezialitäten und Bezeichnungen dafür. Der Eßdolmetscher hilft Ihnen, sich in diesem verwirrenden Küchenvokabular zurechtzufinden.

A

abadejo	Pol(l)ack, ein Fisch, der oft mit Kabeljau (bacalao) verwechselt wird
abichón	Ährenfisch
abrelatas	Dosenöffner
abridero	Frühpfirsich
abridor	Flaschenöffner
acedera	Sauerampfer
acedía	eine Schollenart
acedías fritas	gebackene Schollen
acedías en sobrehusa	Schollen in Tomaten-Paprika-Sauce (Andalusien)
aceitada	mit Öl zubereitetes Gebäck
aceite	Öl
aceite de almendras	Mandelöl
aceite de colza	Rapsöl
aceite de gérmenes de trigo	Weizenkeimöl
aceite de girasol	Sonnenblumenöl
aceite de nueces	Walnußöl
aceite de oliva	Olivenöl
aceite de oliva virgen	kaltgepreßtes Olivenöl
aceite de soja	Sojaöl
aceite vegetal	Pflanzenöl
aceitunas	Oliven
aceitunas negras	schwarze Oliven
aceitunas rellenas	gefüllte Oliven
aceitunas rellenas de anchoas	mit Anchovis gefüllte Oliven
aceitunas verdes	grüne Oliven
acelgas	Mangold
acelgas a la crema	Mangold in Rahmsauce

acelgas esparragadas	Mangold mit weißen Bohnen
acelgas a la extremeña	Mangold mit Kartoffeln, Zwiebeln und Eiern im Ofen überbacken
acelgas con pasas y piñones	Mangold mit Rosinen und Pinienkernen (Balearen)
acidez	Säuregehalt
ácido	sauer
aderezar	würzen; zubereiten; anmachen (Salat)
aderezo	Würzen; Zubereitung; Dressing
aditivos	Zusatzstoffe
adobado	gebeizt
adobo	Beize
Afuega el Pitu	scharfer Kuhmilchkäse aus Oviedo (Asturien)
agachadiza	Sumpfschnepfe, Bekassine
agridulce	süßsauer
agrio	sauer
agrios	Zitrusfrüchte
aguacate	Avocado
aguacate con gambas	Avocado mit Garnelenfüllung
aguacate a la vinagreta	Avocado mit Vinaigrette-Sauce
aguja	1. Hornhecht (Fisch); 2. Vorderrippenstück
aguja de ternera a la hortelana	Kalbfleischragout mit Gemüse
ahumado	geräuchert
ahumados	Geräuchertes
ajada	Sauce aus Knoblauch, Öl, Essig und Paprikapulver
ajedrea	Bohnenkraut
ajete	junger Knoblauch
ajiaceite	Sauce aus Knoblauch und Öl
ajilimójili	pikante Pfeffer-Knoblauch-Sauce

al ajillo	mit Knoblauch gebraten
ajo	Knoblauch
ajo arriero	siehe ajoarriero
ajo blanco con uvas	kalte Suppe aus Knoblauch, Mandeln, Brot und Wasser mit Trauben (Andalusien)
ajo blanco extremeño	Knoblauchsuppe mit Brot
ajo cabañil	Sauce aus Knoblauch, Essig und Zucker (Murcia)
ajo colorado	Art Püree aus Kartoffeln, Tomaten, Zwiebeln, Knoblauch und getrockneten Paprikaschoten (Andalusien)
ajo colorado al estilo de la huerta murciana	Stockfisch mit Kartoffeln, Tomaten, Knoblauch und Paprikaschoten
ajo de peces de río	Gericht aus Flußfischen und Knoblauch (Estremadura)
ajos tiernos	junger Knoblauch
ajoaceite	siehe ajiaceite
ajoarriero	Stockfischragout mit Zwiebeln, Knoblauch und Paprikaschoten
ajoarriero con langostinos	Stockfischragout mit Garnelen
ajonjolí	Sesam
ala	Flügel
alajú	Art Honigkuchen
alajú de almendras	Honigkuchen mit Mandeln
alajú de nuez	Honigkuchen mit Walnüssen
albahaca	Basilikum
albardado	1. paniert; 2. bardiert (mit einer Speckscheibe belegt bzw. umwickelt)
albaricoque	Aprikose
albarillo	kleine weiße Aprikose
albérchigo	Art Frühpfirsich
albóndigas	Klößchen

albóndigas a la bilbaína	Hackfleischklößchen in weißer Sauce
albóndigas de carne	Hackfleischklößchen
albóndigas a la catalana	Hackfleischklößchen mit Knoblauch und Pinienkernen
albóndigas al estilo de Guipúzcoa	Hackfleischklößchen mit Porree und Möhren in Tomaten-Wein-Sauce
albóndigas a la manchega	Fleischklößchen mit Tomaten-Wein-Sauce
albóndigas de mariscos	Klößchen aus Meeresfrüchten
albóndigas de merluza a la buena mujer	Seehechtklößchen mit Tomatensauce
albondiguillas	kleine Klößchen
alboronia	Gericht aus Auberginen, Zucchini, Tomaten, Paprikaschoten und Zwiebeln, evt. auch Kürbis (Andalusien)
alcachofas	Artischocken
alcachofas a la andaluza	Artischocken mit Schinken und Tomaten
alcachofas a la cazuela	Artischocken mit Speck im Ofen gegart
alcachofas a la cordobesa	Artischocken mit Kartoffeln, Knoblauch und Safran
alcachofas estofadas	Artischocken mit Speck, Zwiebeln und Knoblauch gedünstet
alcachofas fritas con tomate	gebratene Artischocken mit Tomaten
alcachofas a la griega	gekochte Artischocken mit Tomatensauce
alcachofas a la montillana	Artischockenherzen mit Minze und Schinken (Andalusien)
alcachofas al natural	Artischocken natur (gekocht mit Zitronensaft)
alcachofas rellenas	gefüllte Artischocken
alcachofas salteadas con jamón	gedünstete Artischocken mit Schinken

alcachofas a la vinagreta	Artischocken mit Vinaigrette-Sauce
Alcántara, al modo de	Zubereitungsart von Wildgeflügel, das mit Trüffeln und Leberpastete gefüllt wird
alcaparras	Kapern
alcauciles	andalusische Bezeichung für Artischocken; wilde Artischocken
alcauciles en aceite	Artischocken in Öl
alcuzcuz	maurisches Gericht aus Maisgrieß, Kichererbsen, Gemüse und Hammelfleisch
aletas de tiburón	Haifischflossen
alfajor	Gewürzkuchen (Andalusien) (siehe alajú)
alfeñique	Zuckermandelstange
alforfón	Buchweizen
algas	Algen
algas marinas	Meeralgen, Seetang
Alicante	1. weicher Ziegenkäse aus der gleichnamigen Provinz; 2. siehe turrón de Alicante
alimentos	Nahrungsmittel
alimentos congelados	Tiefkühlkost
alimentos dietéticos	Reformkost
aliñado	angemacht (Salat), gewürzt
aliño	Würze, Dressing
alioli, allioli	Knoblauchmayonnaise (nur Knoblauch und Öl)
all cremat (kat.)	Gericht aus Fisch, Kartoffeln und Tomaten, in einer Brühe auf der Basis von scharf angebratenem Knoblauch gekocht
a l'all cremat (kat.)	mit scharf angebratenem Knoblauch zubereitet
all-i-oli (kat.)	siehe alioli

all-i-pebre (kat.)	Sauce aus Öl, Knoblauch und Paprikapulver (Levante)
all-i-pebre de anguilas	Aalstücke in Öl-Knoblauch-Paprika-Sauce (Levante)
almejas	Venusmuscheln
almejas al ajillo	Venusmuscheln mit Knoblauch und Öl
almejas a la buena mujer	Venusmuscheln in Weinsauce
almejas a la gaditana	Venusmuscheln in Wein-Tomaten-Sauce
almejas a la marinera	Venusmuscheln in Zwiebel-Knoblauch-Wein-Sauce
almejas a la sanluqueña	Venusmuscheln mit Sherry und bitteren Orangen
almejas a la sevillana	Venusmuscheln mit Öl, Zwiebeln und Knoblauch
almejas a la valenciana	Venusmuscheln mit Tomaten und Paprikaschoten
almendrada	Mandelmilch, Mandelsauce
almendrados	Mandelgebäck
almendras	Mandeln
almendras amargas	Bittermandeln
almendras dulces	süße Mandeln
almendras garapiñadas	gebrannte Mandeln
almendras saladas	Salzmandeln
almendras tostadas	geröstete Mandeln
almendrinos	Gebäck aus gerösteten Mandeln
almíbar	Sirup
en almíbar	in Sirup
almidón	Stärkemehl
almorta	Platterbse
almorzar	1. zu Mittag essen; 2. frühstücken
almuerzo	1. Mittagessen; 2. zweites kräftiges Frühstück

alosa	Maifisch
alparagate valenciano	Hackbraten aus Kalbfleisch in Weinsauce
altramuz	Lupine
alubiada tolosana	Eintopf aus roten Bohnen und Schweinefleisch (Baskenland)
alubias	(weiße) Bohnen
alubias blancas	weiße Bohnen
alubias blancas con morro y oreja de puerco	weiße Bohnen mit Schweinsmaul und -ohren
alubias pintas	Feuerbohnen
alubias rojas	rote Bohnen
alubias tiernas	grüne Bohnen
amargo	bitter
amarguillo	Süßigkeit aus Bittermandeln und Haselnüssen
en amarillo	in gelber Sauce (mit Safran)
ambigú	Büfett mit kalten und warmen Speisen (im Theater etc.)
amerengado	baiserartig
anacardo	Kaschunuß
ancas de rana	Froschschenkel
ancas de rana al ajo arriero	Froschschenkel mit Knoblauch-Petersilien-Sauce
ancas de rana albufereña	marinierte Froschschenkel, paniert in Öl gebraten
ancas de rana a la provenzal	Froschschenkel mit Kräutern
ancas de rana a la tudelana	Froschschenkel mit Schinkenstückchen, Knoblauch und Tomatensauce (Navarra)
anchoas	Anchovis, Sardellen
anchoas al aceite	in Öl und Knoblauch marinierte Anchovisfilets
anchoas ahumadas	geräucherte Sardellen

anchoas albardadas	panierte Sardellen, in Öl ausgebacken
anchoas a la cazuela	in Öl mit Zwiebeln gebratene Anchovisfilets (Santander)
anchoas de l'Escala	Sardellen aus l'Escala (Ort an der Costa Brava)
anchoas fritas	in Öl gebackene Sardellen
anchoas al pil-pil	in Knoblauch und Öl gebratene Sardellen (Baskenland)
anchoas en salsa amarilla	Sardellen in gelber (Safran-)Sauce (Kantabrien)
Andévalo	Schafskäse aus der Provinz Huelva
andrajos	Gericht aus Stockfisch und Muscheln in würziger Sauce (Jaén)
angélica	Engelwurz, Angelika
anguila	Aal
anguila ahumada	Räucheraal
anguila a l'all-i-pebre	Aal in einer Sauce aus Öl, Knoblauch und Paprikapulver (Valencia)
anguila a la catalana	panierter Aal in Wein gekocht
anguila a la donostiarra	Aal in Weinsauce mit getrockneten Paprikaschoten und Pinienkernen (Baskenland)
anguila en empanada	Aalpastete (Galicien)
anguila con habichuelas	Aal mit weißen Bohnen (Aragonien)
anguila a la marinera	Aal in Zwiebel-Wein-Sauce
anguila mechada	Spickaal
anguila a la paisana	gebratene Aalstücke in Zwiebelsauce
anguila tártara	in Wein gekochter Aal mit Sauce tatare (Mayonnaise mit feingehackten Kräutern)
angulas	Glasaale (ganz junge Aale)
angulas de Aguinaga	Glasaale aus Aguinaga (Baskenland) von besonderer Qualität

angulas al ajillo	Glasaale mit Knoblauch in Öl gebraten
angulas a la bilbaína	Glasaale mit Knoblauch in Öl gebraten
angulas a la cazuela	Glasaale mit Knoblauch und kleinen scharfen Pfefferschoten (guindillas) in der Tonschale gebraten
anís	Anis
anís estrellado	Sternanis
añojo	einjähriges Rind oder Lamm
apetito	Appetit
apetitoso	appetitlich
apio	Sellerie
apio a la crema	Stangensellerie in Cremesauce
apio estilo Irún, apio a la irunesa	gekochte Selleriestangen in Tomaten-Zwiebel-Weinsauce
apio nabo	Knollensellerie
apio rábano	Knollensellerie
apio en rama	Stangensellerie
Aracena	scharfer Ziegenkäse aus der Provinz Huelva
Aragón	eine Käseart, siehe Tronchón
Arán	aromatischer Kuhmilchkäse aus dem gleichnamigen Pyrenäental (Provinz Lérida)
arándano	Heidelbeere, Blaubeere
arándano rojo, arándano encarnado	Preiselbeere
arcea	in Asturien und Galicien Bezeichnung für Schnepfe (siehe becada)
arenque	Hering
arenque ahumado	geräucherter Hering
arnadí	Süßigkeit aus Kürbis, Walnüssen und Rosinen (Levante)

aroma	Aroma
aromático	aromatisch
arròs amb fesols i naps (kat.)	Reis mit grünen Bohnen und weißen Rüben (Levante)
arrosejat de arroz	in Öl leicht angebräunter und in Fischbrühe gargekochter Reis (Levante)
arrosejat de fideos	in Öl leicht angebräunte Nudeln, in Brühe fertiggekocht (Levante)
arroz	Reis
arroz a la alcireña	Reisgericht mit Huhn, Kaninchen, Würsten, Kichererbsen und Gemüse, im Ofen gegart (Levante)
arroz a la alicantina	Reis mit Gemüse und Fisch
arroz al azafrán	Safranreis mit Schinken
arroz a banda	gekochter Fisch und Meeresfrüchte mit Reis, der in der Fischbrühe gekocht wird. Beides wird getrennt serviert (Levante)
arroz a la cacereña	Reispfanne mit Kaninchen (Estremadura)
arroz al caldero	Reispfanne mit Fischen der Region (Murcia)
arroz a la catalana	Reis mit Huhn, Tintenfischen, Venusmuscheln und Erbsen
arroz con cordero	Lammfleisch mit Reis und Tomatensauce (Navarra)
arroz a la cortijera, arroz cortijero	Reis mit Tomaten, Zwiebeln und Paprikaschoten (Andalusien)
arroz con costra	Reis mit Huhn, Kaninchen, Schweinefleisch, Wurst, Tomaten, Kichererbsen, mit geschlagenen Eiern übergossen und im Ofen überbacken (Levante)
arroz a la cubana	Reis mit Tomaten und Spiegelei
arroz al curry	Curry-Reis

arroz empedrado	Reis mit weißen Bohnen, Stockfisch und Tomaten (Levante)
arroz a la huertana	Reis mit Schnecken, Kaninchen, Bohnen, Disteln und weißen Rüben (Murcia)
arroz imperial	Milchreis mit Eigelb, Sahne und Früchten
arroz integral	Vollreis, ungeschälter Reis
arroz a la italiana	Reis mit Tomatensauce und Käse, im Ofen überbacken
arroz jerezano	mit angebräunten Zwiebeln und Sherry gekochter Reis (Andalusien)
arroz con judías y nabos	Reis mit grünen Bohnen und weißen Rüben (Levante)
arroz a la juliana	Reis mit feingeschnittenem Gemüse
arroz con leche	Milchreis
arroz con leche a la asturiana	Milchreis mit Eiern überbacken
arroz levantino	Reis mit Fischen und Meeresfrüchten, Erbsen und Artischocken
arroz a la mallorquina	Reis mit Fisch, Muscheln und Paprikawurst (sobrasada)
arroz a la marinera	Reis mit verschiedenen Fischen und Meeresfrüchten in Tomaten-Zwiebel-Knoblauch-Sauce
arroz de mariscos	Reis mit Meeresfrüchten
arroz con miel	mit Honig gekochter Reis (La Mancha)
arroz a la milanesa	Reis mit Schinken, Erbsen und Käse
arroz a la montesina	Reis mit Kaninchen und Pilzen
arroz murciano	Reis mit Schweinefleisch, Tomaten, Paprikaschoten und Knoblauch
arroz negro	Reisgericht, das durch scharf gebratene Zwiebeln oder durch Tintenfischsud eine schwarze Färbung erhält (Levante)

arroz en »oros y bastos«	Reis mit Schweinsfüßchen und -ohren und Blutwurst (Levante)
arroz a la pamplonesa, arroz al estilo de Pamplona	Reis mit Stockfisch und Gemüse
arroz Parellada	Reisgericht, bei dem die Zutaten (Fleisch, Fische und Meeresfrüchte) ohne Knochen, Gräten und Schalen serviert werden
arroz pilaf	Reis mit geschmorten Zwiebeln in Brühe gekocht
arroz regencia	Reis mit Schinken, Hühnerleber, Safran und Pilzsauce
arroz a la riojana	Reis mit Wurst, Schinken und Tomatensauce
arroz rossejat, arroz rosetxat	im Ofen gegartes Reisgericht mit Schweinefleisch, Speck, Kichererbsen, Knoblauch und Tomaten (Levante)
arroz santanderino	Reis mit Milch und Lachs
arroz a la sevillana	Reis mit Tintenfischen, Venusmuscheln, Seeteufel, Schinken, Paprikawurst und Erbsen
arroz a la tarraconense	Reis mit Huhn, Schweinefleisch, Knoblauch und Tomaten
arroz a la valenciana	Reis mit Fleisch, Geflügel und Wurst
arroz a la vasca	Reis mit Hühnerfleisch und -leber, Schweinefleisch, Paprikawurst, Erbsen und harten Eiern
arroz vegetal	Reis mit Gemüse
arroz con verduras	Reis mit Gemüse
arroz de vigilia	Reis mit Miesmuscheln in Wein gekocht, mit Mayonnaise serviert
arroz a la zamorana	Reis mit Schweinsfüßchen und -ohren, Schinken, weißen Rüben und Zwiebeln
artemisa	Beifuß

asadillo (de pimientos rojos)	gebratene rote Paprikaschoten mit Knoblauch und Tomaten (La Mancha)
asado	1. gebraten; 2. Braten
asado de buey	Rinderbraten
asado de carne regental	Braten in Weinsauce (Kanarische Inseln)
asado de carnero	Hammelbraten
asado de cerdo	Schweinebraten
asado de cordero	Lammbraten
asado en horno de leña	im Holzofen gebraten
asado de ternera	Kalbsbraten
asador	Bratspieß; Bratrost; Grillrestaurant
asadura	Innereien von Schlachttieren (Leber, Lunge, Herz)
asadura de cordero	Lamminnereien
asadura de gallina	Hühnerklein
asadurilla	gebratene Hammelleber und -herz (Logroño)
ascalonia	Schalotte
aspic	Aspik
a l'ast (kat.)	vom Spieß
atún	(roter) Thunfisch
atún a la bilbaína	marinierter, gegrillter Thunfisch mit Weinsauce
atún encebollado	Thunfisch mit Zwiebeln
atún fresco a la plancha	frischer gegrillter Thunfisch
atún a la guipuzcoana	Thunfisch in Wein-Zwiebel-Sauce
atún con habas	Thunfisch mit weißen Bohnen (Asturien)
atún a la ibérica	gespickter Thunfisch in Wein-Zwiebel-Sauce
atún a la pamplonica	Thunfischsalat mit Zwiebeln, Essiggurken und harten Eiern

atún a la payesa	Thunfischsalat
auténtico	echt, unverfälscht
autoservicio	Selbstbedienung
avefría	Kiebitz
avellana	Haselnuß
avellanas tostadas	geröstete Haselnüsse
avena	Hafer
aves	Geflügel
aves y caza	Wild und Geflügel
aves silvestres	Wildgeflügel
azafrán	Safran
azahar	Orangenblüte
azaharillos	Feigensorte (Kanarische Inseln)
azúcar	Zucker
azúcar cande oder candi	Kandiszucker
azúcar de caña	Rohrzucker
azúcar glas, azúcar lustre	Puderzucker, Staubzucker
azúcar moreno	brauner Zucker
azúcar en polvo	Puderzucker, Staubzucker
azúcar en terrones	Würfelzucker
azucarado	gezuckert

B

baba txikis (bask.)	kleine zarte Saubohnen
bacaladilla	blauer Wittling (Fisch)
bacalao	Stockfisch
bacalao al ajoarriero	Stockfisch mit Zwiebeln, Knoblauch, getrockneten Paprikaschoten und Petersilie
bacalao a la almendra	Stockfisch in Mandelsauce, im Ofen überbacken

bacalao a la bilbaína	Stockfisch mit Zwiebeln, Schinken und scharfen Pfefferschoten
bacalao en brandada	siehe brandada de bacalao
bacalao a la cantábrica	gekochter Stockfisch mit Zwiebel-Knoblauch-Wein-Sauce
bacalao a la catalana	Stockfisch in Tomatensauce mit Mandeln und Pinienkernen
bacalao del convento	siehe bacalao a la extremeña
bacalao encebollado	Stockfisch mit viel Zwiebeln gegart
bacalao a la extremeña	Stockfisch mit Kartoffeln und Spinat
bacalao fresco	Kabeljau
bacalao gratinado con almendras	Stockfisch mit Mandelgratin
bacalao a la kashera	Stockfisch mit Knoblauch, Brot und Petersilie im Ofen gegart (Baskenland)
bacalao con leche y almejas	Stockfisch mit Milch und Venusmuscheln (Navarra)
bacalao a la leridana	Stockfisch mit Tomaten, Zwiebeln, grünen Paprikaschoten und Kichererbsen (Lérida)
bacalao a la llauna	Stockfisch, der zuerst angebraten, dann in einer flachen Schüssel (kat. llauna) mit Knoblauch und Wein im Ofen fertiggegart wird (Katalonien)
bacalao a la manchega	Stockfischragout mit Kartoffeln, Tomaten und Paprikaschoten
bacalao monacal	siehe bacalao a la extremeña
bacalao a la montañesa	Stockfisch mit Pilzen und Würstchen in Tomaten-Zwiebel-Knoblauch-Sauce (Kantabrien)
bacalao a la navarra	Stockfisch mit Tomaten-Zwiebel-Wein-Sauce
bacalao a la ovetense	Stockfisch mit Tomaten-Zwiebel-Sauce (Asturien)

bacalao con pasas y piñones	Stockfisch mit Rosinen und Pinienkernen (Katalonien)
bacalao al pil-pil	in Öl und Knoblauch langsam gegarter Stockfisch, wobei der Topf ständig gerüttelt wird (Baskenland)
bacalao a la provenzal	Stockfisch in Zwiebel-Knoblauch-Sauce
bacalao a la pueblerina	Stockfisch mit Kartoffeln und Porree in Tomaten-Wein-Sauce
bacalao a la riojana	Stockfisch mit Zwiebeln, Tomaten und roten Paprikaschoten
bacalao a la tranca	Stockfischscheiben in Sauce (Zamora)
bacalao al uso de Gijón	Stockfisch mit Paprikaschoten im Ofen überbacken
bacalao a la valenciana	Stockfisch mit Reis, Zwiebeln und Reibkäse im Ofen gegart
bacalao a la vasca	Stockfisch mit Venusmuscheln in Zwiebel-Knoblauch-Sauce
bacalao a la vizcaína	Stockfisch in pikanter Sauce aus Zwiebeln, Knoblauch und getrockneten Paprikaschoten
bacalao zaragozano	Stockfisch mit Kartoffeln, Zwiebeln und Tomaten
bacalao zurrucutuna	Stockfischragout mit Brotsauce, im Ofen überbacken (Baskenland)
bacallà (kat.)	Stockfisch
bacón	Frühstücksspeck
baifito	Zicklein (Kanarische Inseln)
bajo en calorías	kalorienarm
bajoques farcides (kat.)	mit Reis, Schweinefleisch und Tomaten gefüllte Paprikaschoten (Alicante)
bambú	Bambus
bandeja	Tablett, Schale
banderillas	Cocktail-Spießchen
baño de azúcar	Zuckerguß

baño de chocolate	Schokoladenguß
(al) baño María	(im) Wasserbad
barbacoa	1. Holzkohlengrill; 2. Grillfest
barbo	Barbe (Fisch)
barquillo	Waffelröllchen
barquitas	längliche Pastetchen
barquitas de gambas	Krabbenschiffchen
barra	1. Stange; 2. Theke, Bar
en la barra	an der Theke
barra de pan	Stange Brot
barrilete	Krebsart mit großen Scheren (bocas)
barritas del Pilar	Mandelstäbchen mit Anis
bartolillos	in schwimmendem Öl ausgebackene Pastetchen mit süßer oder salziger Füllung
bartolillos madrileños	in Öl ausgebackene Pastetchen mit Cremefüllung
base de tarta	Tortenboden
batata	Süßkartoffel, Batate
bavaresa	siehe bavarois(e)
bavarois(e)	Cremespeise auf Gelatinebasis
bavarois(e) de chocolate	Schokoladencreme
baya	Beere
becacina	Bekassine, Sumpfschnepfe
becada	(Wald-)Schnepfe
becada a la barcelonesa	mit Leber und Trüffeln gefüllte Schnepfe, in Speckscheiben gehüllt und mit Kognak flambiert
becada a la bilbaína	Schnepfe mit weißen Rüben in Weinsauce
becada rellena de castañas	mit Kastanien gefüllte Schnepfe
bechamel	Bechamelsauce

beicon	siehe bacón
bejel	Roter Knurrhahn (Fisch)
bellota	Eichel
berberechos	Herzmuscheln
berenjenas	Auberginen
berenjenas de Almagro, berenjenas almagreñas	marinierte Auberginen (La Mancha)
berenjenas a la mallorquina	mit Hackfleisch gefüllte, überbackene Auberginen
berenjenas en salsa al gratén	Auberginen mit Bechamelsauce und Käse überbacken
berenjenas a la tolosana	Auberginen mit Pilzen und Würstchen gefüllt und überbacken
berro	(Brunnen-)Kresse
berza	1. Kohl; 2. in Andalusien: Eintopfgericht
berza de acelgas	Eintopf aus weißen Bohnen, Kichererbsen, Fleisch, Wurst und Mangold (Andalusien)
berza cocida a la kashera	Kohl mit Kartoffeln und Knoblauch (Baskenland)
berza gaditana	geschmortes Gemüse (Andalusien)
berza gitana	geschmortes Gemüse mit Fleisch und Kartoffeln (Andalusien)
besamel(a)	andere Schreibweise für Bechamelsauce
besugo	Seebrasse, Meerbrasse
besugo en amarillo	Seebrasse in gelber (Safran-)Sauce
besugo al ajoarriero	Seebrasse mit Knoblauch, Zwiebeln und Petersilie
besugo asado a la castellana	Seebrasse mit Kartoffeln, Tomaten und Wein im Ofen gegart
besugo a la bilbaína	Seebrasse mit Knoblauch und Zwiebeln im Ofen gebraten
besugo a la donostiarra	gegrillte Seebrasse mit Knoblauch und Zitrone (Baskenland)

besugo de espaldas, besugo a la espalda	Seebrassenscheiben aus der Bauchseite
besugo a la guipuzcoana	gegrillte Seebrasse mit Öl, Knoblauch und Zitrone (Baskenland)
besugo al horno	Seebrasse in Zwiebel-Knoblauch-Wein-Sauce im Ofen gegart
besugo a la madrileña	gebratene Seebrasse mit Wein und Zitrone
besugo a la marinera	Seebrasse in Öl-Essig-Knoblauch-Sauce
besugo mechado	gespickte Seebrasse
besugo a la sal	in dicker Salzkruste gegarte Seebrasse
Beyusco	Butterkäse aus Asturien
bien hecho	gut durchgebraten (Fleisch)
bienmesabe	Süßspeise aus Sirup, Mandeln, Eiern und Löffelbiskuits, typisch für Südspanien und die Kanarischen Inseln
biftec	siehe bistec
bígaro	Strandschnecke
bikini	überbackener Schinken-Käse-Toast
bisbe, bisbot	katalanische Blutwurst
biscote	Zwieback
biscuit glacé, biscuit helado	Nachspeise mit Eiscreme
bispo	aragonische Hartwurst
bisque	Cremesuppe aus Krustentieren
bisque de cangrejos	Krebscremesuppe
bistec	Beefsteak, Steak
bistec a caballo	Beefsteak mit Spiegelei
bistec con guarnición	garniertes Beefsteak
bistec con patatas	Beefsteak mit Pommes frites
bistec a la pimienta	Pfeffersteak
bistec a la rusa	Frikadelle

bistec tártaro	Beefsteak tatar (rohes Rinderhack mit Zwiebeln und Gewürzen)
bistec de ternera a la parrilla	gegrilltes Kalbssteak
bitxo (kat.)	kleine scharfe Pfefferschote (Gewürz)
bizcochá manchega	Art Fladenkuchen, der in mit Vanille und Zimt gewürzte Milch eingelegt wird
bizcocho	1. Biskuitkuchen; 2. Zwieback
bizcochos	Biskuitgebäck
bizcochos borrachos	in Wein oder Likör getränktes Biskuitgebäck
bizcocho castellano	Mandeltorte
bizcochos koskeros	Mandelgebäck (Baskenland)
bizcochos lustrados	Gebäck mit Honig und Kokosflocken (Kanarische Inseln)
bizcochos rellenos de Vergara	mit Eiercreme gefülltes Biskuitgebäck (Baskenland)
blanco	weiß
blando	weich
blanquear	blanchieren
blanqueta	Frikassée
blanqueta de ancas de rana	Froschschenkelfrikassée
blanqueta de cordero	Lammfrikassée
blanqueta de pavo	Truthahnfrikassée
blanqueta de ternera	Kalbsfrikassée
bledas (reg.)	Mangold
blinis	kleine Pfannkuchen, Blinis
blinis de caviar	Blinis mit Kaviar
blinis de salmón	Blinis mit Lachs
boca (de la Isla)	große Schere einer bestimmten Krebsart (barrilete)
bocadillo	belegtes Brötchen
bocadillo caliente	warmes Brötchen

bocadillo de jamón	mit Schinken belegtes Brötchen
bocadillo de lomo	mit Schweinelende belegtes Brötchen
bocadillo de queso	mit Käse belegtes Brötchen
bocadillo de salchichón	mit Hartwurst belegtes Brötchen
bocadillo de tortilla	mit Omelett belegtes Brötchen
bocaditos de monja	Mandelkonfekt (Andalusien)
bocaditos de patata	Kartoffelbällchen
bocado	Bissen, Happen
bocarte	Bezeichnung für junge Sardellen in Asturien, Kantabrien und Baskenland
bocata	umgangssprachlich für belegtes Brötchen (bocadillo)
bodas de Camacho	Huhn in Wein-Mandel-Sauce mit Klößchen aus Ei und Brot (La Mancha)
bofe	Lunge von Schlachttieren
boga	Gelbstriemen (ein Mittelmeerfisch)
bogavante	Hummer
bolas de patatas	Kartoffelbällchen
boleto (comestible)	Steinpilz
bolets (kat.)	Pilze
bollo	Gebäckstück; Milchbrötchen
bollo de aceite	Ölgebäck
bollo de alma	typisches Gebäck der Kanarischen Inseln
bollo de chicharrones	Gebäckstück mit Speckgrieben
bollo de leche	Milchbrötchen
bollo maimón	Art Biskuitgebäck (Salamanca)
bollos de panizo	in Öl ausgebackene Maismehlklöße (Andalusien), zum ajo colorado (s. d.)
bomba helada	Eisbombe

bombón	Praline
bombón helado	Eiskonfekt
boniato	Süßkartoffel, Batate
bonito	(weißer) Thunfisch, Bonito
bonito a la asturiana	gebratene Thunfischscheiben mit Zwiebeln
bonito a la bilbaína	Thunfischsalat mit harten Eiern, Zwiebeln und Gewürzgurken
bonito en escabeche	marinierter Thunfisch
bonito a la guipuzcoana	Thunfisch mit Tomaten, Zwiebeln und roten Paprikaschoten (Baskenland)
bonito a la oriotarra, bonito al estilo de Orio	gespickter Thunfisch in Weißwein auf Gemüse (Baskenland)
bonito a la riojana	Thunfisch mit Tomaten und roten Paprikaschoten
bonito en salsa de vino tinto	Thunfisch in Rotweinsauce
bonito a la sidra	Thunfisch mit Apfelwein
bonito a la vinagreta	Thunfisch mit Vinaigrette-Sauce
boquerones	Sardellen
boquerones fritos	gebackene Sardellen
boquerones en vinagre	in Essig, Öl und Knoblauch eingelegte Sardellen
borona	Art Maisbrot (Asturien, Galicien)
borona preñada	mit Schinken, Speck und Paprikawurst gefülltes Maisbrot
boronia	siehe alboronia
borrachines	siehe borrachos
borrachos	mit Rum oder Likör getränktes Gebäck
borrachos sevillanos	mit Sherry getränktes Gebäck
borrachuelos	Gebäck mit Wein und Branntwein, in der Pfanne ausgebacken
borraja	Borretsch

borrego	1. längliches Gebäck (Katalonien); 2. ein- oder zweijähriges Lamm
borreta	Gericht aus Stockfisch, Tintenfischen, Kartoffeln, Spinat und verlorenen Eiern (Alicante)
botifarra (kat.)	siehe butifarra
botillo	Wurstspezialität aus El Bierzo (León), aus Schweineschwanz, -rippen und -zunge hergestellt und gekocht zu Kohl gegessen
brandada de bacalao	Stockfischpüree
a la brasa	vom Rost
braseado	im eigenen Saft geschmort
brazo de gitano	mit Creme gefüllte Biskuitrolle
brazo (de gitano) de chocolate	Schokoladen-Biskuitrolle
brazo (de gitano) de nata	mit Sahne gefüllte Biskuitrolle
brazo de pasta y verdura	mit Gemüse gefüllte Teigrolle
breca	kleine Rotbrasse
brécol(es)	Brokkoli
breva	Frühfeige
brioche	Brioche (feines Hefebrötchen)
a la broche	vom Spieß, am Spieß
brocheta	Spieß
brocheta de pescado	Fisch am Spieß
brocheta de riñones	Nierenspieß
brocheta de solomillo	Filetspieß
brócoli	Brokkoli
broeta de San Fermín	dicke Gemüsesuppe (u. a. Kopfsalat) mit Paprikawurst und Schinken (Navarra)
brotes de bambú	Bambussprossen
brotes de soja	Sojasprossen
budín	Pudding

bueno	gut
buey	Ochse
buey a la casera	Ochsenfleisch in Tomaten-Zwiebel-Sauce
buey cebón	Mastochse
buey a la gallega	panierte, gebratene Ochsenfilet-scheiben
buey de mar	Taschenkrebs
buffet de desayuno	Frühstücksbuffet
buffet de ensaladas	Salatbuffet
buffet frío	kaltes Buffet
buffet libre	Selbstbedienungsbuffet
bugre	in Asturien Name für Hummer (bogavante)
bull (kat.)	katalanische Wurstspezialität aus Speck, Brot und Schweineblut
bullabesa	Bouillabaisse (Fischsuppe)
buñuelos	typisch spanisches Ölgebäck, eine Art kleine Krapfen, süß oder salzig
buñuelos de bacalao	in Öl ausgebackene Stockfisch-krapfen
buñuelos a la catalana	Art kleine süße Krapfen
buñuelos de dátiles	ausgebackene Datteln (Kanarische Inseln)
buñuelos de manzana	ausgebackene Apfelscheiben
buñuelos rellenos de crema	mit Creme gefüllte kleine Krapfen
buñuelos de viento	Windbeutel
burrida de ratjada (kat.)	gekochter Rochen mit Mandeln (Ibiza)
butifarra	katalanische Bratwurst
butifarra de arroz	Bratwurst, die Reis enthält
butifarra blanca	weiße Bratwurst
butifarra a la catalana	mit Sherry gebratene Wurst
butifarra de huevo	mit Ei hergestellte Bratwurst

butifarra negra	schwarze Bratwurst (mit Blut)
butifarra de perol	Bratwurst aus gekochtem Schweinefleisch
butifarra de sangre	Blutwurst

C

caballa	Makrele
caballa en escabeche	marinierte Makrele
cabello de ángel	Art Kürbiskonfitüre, zur Füllung von Gebäck
cabeza de cordero al horno	Lammkopf im Ofen gebraten (Aragonien)
cabeza de jabalí	Wildschweinsülze
cabeza de ternera	Kalbskopf
cabra (de mar)	katalanische Bezeichnung für Meerspinne (centollo)
cabracho	Roter Drachenkopf (Fisch)
Cabrales	asturischer Blauschimmelkäse, der »spanische Roquefort«
cabrarroca	siehe kabrarroka
cabrilla	Sägebarsch
cabrito	Zicklein, Ziegenlamm
cabrito asado	Zickleinbraten
cabrito en espetón	Zicklein am Spieß (Aragonien)
cabrito a la extremeña	Zicklein in Leber-Knoblauch-Paprika-Sauce (Estremadura)
cabrito al horno con peras	Zicklein mit Birnen im Ofen gebraten
cacahuetes	Erdnüsse
cacao	Kakao(pulver)
cachelada	Gericht auf Kartoffelbasis (Galicien, León)
cachelada de bacalao	Eintopf aus Stockfisch und Kartoffeln

cachelada gallega	Krake mit Kartoffeln und Paprikaschoten
cachelada leonesa	Kartoffeln mit Paprikawurst
cachelos	gekochte Kartoffeln (Galicien, León)
cachuela	dicke Suppe aus Schweineleber und -magen (Estremadura)
Cádiz	siehe queso de Cádiz
calabacines	Zucchini
calabacines en adobo	marinierte Zucchini
calabacines rellenos	gefüllte Zucchini
calabacines rellenos al estilo de Andalucía	mit Hackfleisch und Rosinen gefüllte Zucchini
calabaza	Kürbis
calamares	Tintenfische
calamares a la mallorquina	mit Pinienkernen und Rosinen gefüllte Tintenfische
calamares »mar i terra«	Tintenfische mit Fleischfüllung (Katalonien)
calamares rellenos Costa Brava	Tintenfische mit einer Füllung aus Schweinefleisch, Äpfeln, Mandeln und Schokolade
calamares a la romana	Tintenfischringe, in Mehl gewälzt und in heißem Öl ausgebacken
calamares en su tinta	Tintenfische im Tintensud
calçotada (kat.)	Frühlingszwiebelessen (traditionell in der Provinz Tarragona). Die Zwiebeln werden mit dem Lauch über offenem Rebholzfeuer gebraten, die verbrannte Haut wird abgezogen und die ganze Zwiebel in eine Sauce aus Mandeln, Knoblauch und Tomaten getunkt und aus der Hand gegessen
calçots (kat.)	die jungen Frühlingszwiebeln für die »calçotada«

caldeirada gallega	verschiedene Fische und Meeresfrüchte mit Kartoffeln, in Meerwasser gekocht (Galicien)
caldeirada de merluza	Eintopf aus Seehecht und Kartoffeln, in Meerwasser gekocht
caldera de dátiles de mar	Meerdatteln in Weinsauce
caldera de pescado	Fischtopf (Balearen)
caldereta	Eintopfgericht auf Fischbasis, in manchen Gegenden Fleischgericht
caldereta antigua	siehe caldereta de pastor
caldereta asturiana	Fischtopf mit Paprikaschoten und pikanter Sauce
caldereta de cordero	geschmortes Lammfleisch mit Tomaten und Paprikaschoten (Kastilien)
caldereta extremeña	Zicklein- oder Lammfleisch in Leber-Knoblauch-Sauce (Estremadura)
caldereta de fideos	Art Fischsuppe mit Nudeln
caldereta de langosta	Langustenstücke mit Zwiebeln, Tomaten, Knoblauch, Paprikaschoten und Kräuterlikör (Spezialität von Menorca)
caldereta de pastor oder a la pastora	Variante der caldereta extremeña, das Fleisch wird jedoch nicht gebraten, sondern in Brühe gekocht
caldereta de pescado	Fischtopf
caldero al estilo del Mar Menor	Fischtopf mit Reis, Zwiebeln und Kartoffeln (Murcia)
caldillo de perro	siehe caldo de perro
caldo	Brühe
caldo de carne	Fleischbrühe, Bouillon
caldo corto	Fischsud
caldo gallego	Suppentopf mit Kartoffeln, weißen Bohnen, Steckrübenblättern, Fleisch und Wurst (Galicien)
caldo de gallina	Hühnerbrühe

caldo guanche	Gemüsecremesuppe (Kanarische Inseln)
caldo de jaramago	Schöterichsuppe (Kanarische Inseln)
caldo al jerez	Fleischbrühe mit Sherry
caldo de legumbres	Gemüsesuppe
caldo de perdiz	Rebhuhnsuppe (Kastilien)
caldo de perro gaditano	Fischsuppe mit Orangensaft (Cádiz)
caldo de pescado	Fischbrühe, Fischsuppe
caldo riojano	Eintopf aus weißen Bohnen und Rotwein
caldo de verduras	Gemüsesuppe
caliente	warm, heiß
callos	Kutteln, Kaldaunen
callos a la andaluza	Kutteln mit Tomaten, Zwiebeln, Kichererbsen und Schinken
callos asturianos	Kutteln mit Fleisch, Wurst und Schinken in Tomaten-Wein-Sauce
callos a la burgalesa	Kutteln in Gemüse-Wein-Sauce
callos a la catalana	Kutteln in Tomaten-Zwiebel-Wein-Sauce
callos a la gallega	Kutteln mit Kichererbsen, Schweinsfüßen und Paprikawurst
callos a la madrileña	Kutteln mit Kalbsfüßchen, Paprikawurst und evt. Schinken in würziger Sauce
callos a la montañesa	Kutteln mit roten Paprikaschoten in Weinsauce
callos a la riojana	Kutteln mit Schinken und Paprikawurst
callos a la vizcaína	Kutteln mit Kalbsfüßchen in scharfer Sauce
camarones	Sandgarnelen (Art Krabben)
camarones a la andaluza	in Öl gebratene Sandgarnelen mit Knoblauch und Tomaten
cama-sec (kat.)	Nelkenschwindling (Pilzart)

Camerano	säuerlicher Ziegenkäse aus der Provinz Logroño
canalones	siehe canelones
canapés	kleine belegte Weißbrotscheiben, Schnittchen
canela	Zimt
canela en rama	Zimtstange
canelones	Canneloni (gefüllte große Nudelrollen, mit Bechamelsauce überbacken)
canelones a la barcelonesa	Canneloni mit Leber-Schinken-Füllung
canelones a la catalana	Canneloni mit einer Füllung aus Schweine- und Geflügelfleisch und Leber
canelones de espinacas	mit Spinat gefüllte Canneloni
canelones Rossini	Canneloni mit Fleischfüllung
canelones con salsa boloñesa	Canneloni mit Fleisch-Tomaten-Sauce
cangrejo	Krebs
cangrejos de mar	Meereskrebse
cangrejos de mar al jerez	Meereskrebse in Sherrysauce
cangrejos al natural	in Kräutersud gekochte Krebse
cangrejos de río	Flußkrebse
cangrejos de río a la bordelesa	Flußkrebse in Butter geschmort mit Kräuter-Wein-Sauce
cangrejos de río al estilo de Burdeos	Flußkrebse in Kräuter-Wein-Sauce, mit Kognak flambiert
cangrejos de río al estilo de Burgos	Flußkrebse in pikanter Tomatensauce
cangrejos de río al estilo de Segovia	in Brühe gekochte Flußkrebse
cangrejos de río a la pamplonesa	Flußkrebse in Weinsauce
canónigos	siehe hierba de canónigo
Cantabria	siehe queso de Cantabria

cantarelas	Pfifferlinge
cantimpalos	Paprikawürste, Variante der chorizos
canutillos	Blätterteigröllchen mit süßer oder salziger Füllung
canutillos de almendra	Mandel-Blätterteigröllchen
canutillos de anchoa	mit Anchovis gefüllte Blätterteigröllchen
canutillos de Bilbao (a la crema)	mit Creme gefüllte Blätterteigröllchen (baskische Spezialität)
caña de azúcar	Zuckerrohr
cañaíllas, cañadillas	Stachelschnecken
cañas oder cañitas de crema	Cremeröllchen
cap i pota (kat.)	gekochtes Kalbsmaul und -füße (Katalonien)
caparrones	rote Bohnen (La Rioja)
capón	Kapaun
capón de ostras	mit Austern gefüllter Kapaun (Galicien)
capón relleno a la andaluza	mit Schweinefleisch, Speck, Brot, Rosinen und Pinienkernen gefüllter Kapaun
capón relleno a la catalana	mit Schweinefleisch, Wurst, Backpflaumen, Äpfeln, Rosinen und Pinienkernen gefüllter Kapaun
capón relleno a la vasca	mit Speck, Würstchen, Pilzen und Walnüssen, nach anderem Rezept mit Schweinefleisch und Haselnüssen gefüllter Kapaun
capón de Villalba	mit Weizen, Wein (oder Tresterschnaps) und Kastanien gemästeter Kapaun aus Galicien (beliebt als Weihnachtsessen)
cap-roig (kat.)	katalanisch für Roter Drachenkopf (cabracho)
capuchina	Kapuzinerkresse

capuchinas	im Wasserbad gestockte Cremespeise aus Eigelb und Zucker mit Sirup übergossen (baskische Spezialität)
caqui	Kaki(frucht)
carabinero	rote Riesengarnele
caracola	Schnecke (Gebäck)
caracoles	Schnecken
caracoles a la andaluza	Schnecken in einer Sauce aus Tomaten, Zwiebeln, Knoblauch und gerösteten Mandeln
caracoles a la aragonesa	Schnecken in pikanter Sauce
caracoles de Borgoña	Weinbergschnecken
caracoles a la borgoñona	Schnecken mit Kräuterbutter
caracoles a la castellana	Schnecken in pikanter Tomaten-Zwiebel-Knoblauch-Sauce
caracoles a la catalana	Schnecken mit Öl, Knoblauch und Petersilie
caracoles a la corellana	Schnecken in Kräutersauce (Navarra)
caracoles estilo navarro	gekochte Schnecken mit Zwiebel-Knoblauch-Sauce
caracoles estilo vasco	Schnecken mit Schinken in pikanter Sauce
caracoles a la extremeña	gekochte Schnecken mit Zwiebeln in Kräutersauce (Estremadura)
caracoles a la llauna	in einer flachen Schüssel (llauna) mit Knoblauch und Wein im Ofen geschmorte Schnecken (Katalonien)
caracoles a la madrileña	Schnecken mit Schinken, Tomaten und Knoblauch in Weinsauce
caracoles malagueñas	siehe caracoles a la andaluza
caracoles de mar	siehe cañaíllas
caracoles a la marinera	Schnecken in scharfer Tomaten-Knoblauch-Wein-Sauce

caracoles a la palentina	Schnecken mit Schinken und Tomaten in Weinsauce
caracoles picantes a la aragonesa	siehe caracoles a la aragonesa
caracoles a la riojana	Schnecken mit Schinken und roten Paprikaschoten
caracoles con sobrasada	Schnecken mit Paprikawurst (Balearen)
caracoles a la vizcaína	Schnecken in pikanter Sauce
carajacas	gebeizte Kalbsleber mit Knoblauch in Essigsauce (Kanarische Inseln)
caramelo	1. Karamel; 2. Bonbon
carbonada	Karbonade (geschmorte Fleischscheibe)
(a la) carbonara	bei Nudelgerichten: mit Speck und Eiern
carbonera	Frauen-Täubling (ein Speisepilz)
cardillo	Golddistel (in manchen Gegenden als Gemüse gegessen)
cardo	Karde, spanische Artischocke
cardos a la navarra	Karden in weißer Sauce mit Schinkenstückchen
cardos a la vasca	Karden in Specksauce
cargols a la llauna (kat.)	siehe caracoles a la llauna
cargols a la llosa (kat.)	auf einer heißen Schieferplatte gebratene Schnecken (Katalonien)
carlota	siehe charlota
carmelitas	feines Mandelgebäck
carn d'olla (kat.)	Eintopf aus Kichererbsen und verschiedenen Fleisch- und Wurstsorten (vgl. escudella i carn d'olla)
carne	Fleisch
carne ahumada	geräuchertes Fleisch, Rauchfleisch
carne con almendras	mit einer Mandelmasse gefüllter Schweinebraten (Aragonien)
carne asada	gebratenes Fleisch, Braten

carne bilbaína	kaltes Fleisch mit Öl-Essig-Knoblauch-Sauce und harten Eiern
carne a la brasa	Fleischgerichte vom Rost
carne de buey	Ochsenfleisch, Rindfleisch
carne de carnero	Hammelfleisch
carne a la cazuela al estilo de Baleares	Eintopf mit Rindfleisch, Speck, Paprikawurst und Gemüse
carne de cerdo	Schweinefleisch
carne de cordero	Lammfleisch
carne a la financiera	Schweinemedaillons mit Pilzen und Kartoffeln in Tomaten-Wein-Sauce
carne guisada con setas	Schmorfleisch mit Pilzen
carne a la jardinera	Schmorfleisch mit Gemüse
carne al ladrillo	auf einem Ziegelstein gebratenes Fleisch
carne a la llosa	auf heißer Schieferplatte gebratenes Fleisch (Katalonien)
carne mechada a la andaluza	mit Mandeln und Oliven gespicktes Rindfleisch in Tomaten-Zwiebel-Sauce
carne de membrillo	Quittenbrot
carne a la montañesa	gebratene Kalbfleischstücke mit Zwiebelsauce
carne a la parrilla	gegrilltes Fleisch
carne picada	Hackfleisch
carne a la plancha	auf heißer Metallplatte gebratenes Fleisch
carne de ternera	Kalbfleisch
carne de ternera o caldeiro (galic.)	mariniertes, gekochtes Kalbfleisch (Galicien)
carne de ternera a la jardinera	geschmortes Kalbfleisch mit Gemüse
carne de vaca	Rindfleisch
carnero	Hammel

carnero al horno con sobrasada	im Ofen gebratenes Hammelfleisch mit Paprikawurst (Balearen)
carnero verde	mit Petersilie, Minze, Salat und Pinienkernen geschmortes Hammelragout
carpa	Karpfen
carpaccio	dünne Scheiben von rohem Fleisch oder feine Fischfilets
carpaccio de magret de pato	feine Entenbrustscheiben
carquinyoli (kat.)	katalanisches Mandelgebäck
carrereta (kat.)	Nelkenschwindling (ein Speisepilz)
carrillada de cerdo	Gericht aus Schweinebacken
carrillos de cerdo asados	gebratene Schweinebäckchen
carro de ensaladas	Salate vom Wagen
carro de pastelería	Kuchen vom Wagen
carro de postres	Nachspeisen vom Wagen
carta	Speisekarte
carta del día	Tageskarte
carta de vinos	Weinkarte
de la casa	nach Art des Hauses
casadielles	Blätterteiggebäck mit Walnußfüllung (Asturien)
cáscara	Schale (von Nüssen, Eiern, Orangen etc.)
casero	hausgemacht; gutbürgerlich (Küche)
casis	schwarze Johannisbeeren
cassolada (kat.)	Schmorgericht mit Kartoffeln, Gemüse, Speck und Rippchen (Spezialität von Lérida, kat. Lleida)
castañas	Kastanien
castañas pilongas	Dörrkastanien
castañeta	anderer Name für japuta (Bläuel)
castanyola (kat.)	katalanische Bezeichung für japuta (Bläuel)

caviar	Kaviar
caza	Wild, Wildbret
caza mayor	Hochwild
caza menor	Niederwild
caza de pelo	Haarwild
caza de pluma	Federwild
a la cazadora	auf Jägerinnenart, d. h. mit Pilzen und Wein zubereitet
cazón	Hundshai, Glatthai
cazón en adobo	gebeizter, gebackener Hundshai
cazón en amarillo	Hundshai in gelber (Safran-)Sauce
cazuela	Schmortopf aus Ton
a la cazuela, en cazuela	im Tontopf zubereitet (und meist auch serviert)
cazuela de arroz a la malagueña	Reispfanne mit Fisch, Meeresfrüchten und Gemüse
cazuela de arroz marinera	Reistopf mit Fisch und Meeresfrüchten
cazuela a la catalana	Schmorgericht mit Fleisch, Wurst, Tomaten und Zwiebeln
cazuela de fideos	Fadennudeln mit Muscheln, Stockfisch und Kartoffeln (Andalusien)
cazuela de frutos del mar	Meeresfrüchte in der Tonschale zubereitet
cazuela de judías verdes a la granadina	grüne Bohnen mit Tomaten, Artischocken und Spiegelei (Andalusien)
cazuela de mariscos	Meeresfrüchte in der Tonschale zubereitet
cazuela de merluza	Seehecht mit Muscheln und Erbsen in der Tonschale zubereitet (Asturien)
cazuelita	kleine Tonschale (für Einzelportionen)
cazuelita de mariscos	Meeresfrüchte in kleiner Tonschale

cebada Gerste

cebiche (de pescado) marinierter roher Fisch

cebiche de mero marinierter roher Zackenbarsch

cebolla Zwiebel

cebollas confitadas in Wein, Essig und Honig gedünstete Zwiebeln

cebollas rellenas gefüllte Zwiebeln

cebollas tiernas Frühlingszwiebeln

cebollas tiernas al cava Frühlingszwiebeln in Sekt gedünstet

cebolletas junge Zwiebeln, Frühlingszwiebeln

cebollino Schnittlauch

cebollitas kleine junge Zwiebeln

cebollitas glaseadas mit Zucker glasierte kleine Zwiebeln

cebón Mastrind oder -schwein

Cebre(i)ro leicht säuerlicher Kuhmilchkäse aus dem gleichnamigen galicischen Bergland (Provinz Lugo)

cecina luftgetrocknetes Fleisch, Dörrfleisch

cena Abendessen

centeno Roggen

centollo, centolla Meerspinne, Seespinne (ein Krustentier)

centollo cocido gekochte Meerspinne

centollo a la donostiarra Meerspinne, gefüllt mit dem gehackten Fleisch des Tieres, Seehecht, Zwiebeln, Knoblauch, Sherry, Kognak, im Ofen leicht überbacken

centollo frío a la pescadora kalte Meerspinne mit einer Füllung aus Seehecht, Rogen und harten Eiern

centollo al horno gefüllte Meerspinne im Ofen überbacken

centollo relleno	gefüllte Meerspinne
centro de merluza	Mittelstück vom Seehecht
centro de solomillo	Filet-Mittelstück
ceps (kat.)	katalanischer Name für Steinpilze
cerceta	Krickente
cerdo	Schwein, Schweinefleisch
cerdo en adobo	gebeiztes Schweinefleisch (Kanarische Inseln)
cereales	Getreide, Getreideflocken (zum Frühstück)
cereza	Kirsche
cerezas al vino tinto	Kirschkompott in Rotwein
cerrajones	mit Knoblauch gebratene Kartoffeln (Murcia)
cervato	Hirschkalb
Cervera	frischer Schafskäse aus der Provinz Valencia
cesta de frutas	verschiedene frische Früchte (wörtlich: Obstkorb)
ceviche	siehe cebiche
chacina	Rauch- bzw. Pökelfleisch
chalota, chalote	Schalotte
champiñones	Champignons
champiñones al ajillo	mit Knoblauch in Öl gebratene Champignons
champiñones a la crema	Champignons in Sahnesauce
champiñones al jerez	Champignons in Sherrysauce
champiñones rellenos	gefüllte Champignons
champiñones a la segoviana	Champignons in Knoblauchsauce
chanfaina	Ragout aus Lamm- oder Kalbsinnereien (Leber, Lunge, Herz etc.)
chanfaina castellana	Leberragout mit Tomatensauce
chanfaina extremeña	Ragout aus Schweineleber, Lammhirn, -herz und -nieren

chanfaina salmantina	Ragout aus Geflügel- und Lamminnereien mit Reis und Paprikawurst
changurro	Meerspinne (siehe centollo)
chanquetes	Weißgrundel (winzige Fischchen, in Öl ausgebacken, eine andalusische Spezialität)
chapata	s. pan chapata
charlota	Charlotte (Nachspeise aus Vanillecreme, Obst und Löffelbiskuits)
chateaubriand	doppeltes Filetsteak
chateaubriand de buey	Ochsenfiletsteak
chateaubriand a la pimienta verde	Filetsteak mit grünem Pfeffer
chateaubriand con salsa bearnesa	Filetsteak mit Sauce Béarnaise
cherna, cherne	Wrackbarsch
chicharro	regional für Bastardmakrele (jurel)
chicharrones	Speckgrieben
chicle	Kaugummi
chilindrón	dicke Sauce aus Tomaten, Zwiebeln und Paprikaschoten (Aragonien und La Rioja)
al oder a la chilindrón	mit »chilindrón«-Sauce zubereitet, vor allem Geflügel und Lamm
chipirones	kleine Tintenfische (vor allem von der kantabrischen Küste)
chipirones a la duquesa	kleine gegrillte Tintenfische mit gekochten Kartoffeln
chipirones encebollados	kleine Tintenfische mit Zwiebeln
chipirones al jerez	Tintenfische in Sherrysauce
chipirones salteados	mit Knoblauch und Petersilie in Öl gebratene Tintenfische
chipirones a la santanderina	gefüllte Tintenfische mit Tomatensauce
chipirones en su tinta	Tintenfische im eigenen Saft, d. h. der Tinte (Baskenland)

chirimoya	Chirimoya, Zuckerapfel
chirivía	Pastinake
chirla	eine Art Venusmuschel
chistorra	typische Hartwurst aus Navarra, wird meist gebraten gegessen
chocos	kleine Tintenfische, typisch für Huelva (Andalusien)
chocolate	Schokolade
chocolate amargo	bittere Schokolade
chocolate blanco	weiße Schokolade
chocolate con churros	dickflüssige Trinkschokolade mit in Öl ausgebackenen Spritzkuchen (beliebtes Frühstück)
chocolate a la taza	mehlhaltige Schokolade, aus der die typisch spanische, dickflüssige Trinkschokolade gekocht wird
chocolatina	Schokoladenpraline, Schokoladentäfelchen
chocha	1. (Wald-)Schnepfe; 2. Schnepfenfisch
chocha con coles a la bilbaína	Schnepfe mit Kohl
chocha al estilo de Guadalupe	in Weißwein geschmorte Schnepfe
chocha a la vizcaína	Schnepfe mit weißen Rüben in Weinsauce
chop de ternera	Kalbskotelett
chopa	Streifenbrasse
chopitos	winzige junge Tintenfische, vor allem in Andalusien beliebt
chopitos fritos	gebackene winzige Tintenfische
chopitos a la plancha	gegrillte winzige Tintenfische
chorizo	Paprikawurst, roh oder gebraten gegessen
chorizo con cachelos	Paprikawurst mit Kartoffeln (León)
chorizo al diablo	mit Alkohol flambierte Paprikawurst

chorizo de la olla	im Ofen gebratene Paprikawurst (Kastilien)
choto	1. Zicklein; 2. Kalb
choto al ajillo	mit Knoblauch gebratenes Zicklein
chucho	mit Creme gefülltes Ölgebäck (Katalonien)
chucrut	Sauerkraut
chufa	Erdmandel
chuleta	Kotelett
chuleta ahumada	geräuchertes Kotelett (Art Kasseler)
chuleta de buey a la bilbaína	mariniertes, gegrilltes Ochsenkotelett mit Paprikaschoten
chuletas de cabrito a la parrilla	gegrillte Zickleinkoteletts
chuleta de carnero	Hammelkotelett
chuleta de cebón a la parrilla	gegrilltes Mastochsen- oder Mastschweinekotelett
chuleta de cerdo	Schweinekotelett
chuleta de cerdo riojano	Schweinekotelett mit Paprikaschoten
chuleta de cordero	Lammkotelett
chuletas de cordero a la guipuzcoana	im Ofen geschmorte Lammkoteletts mit Kartoffeln
chuletas de cordero a la navarra	im Ofen geschmorte Lammkoteletts mit Paprikawurst und Tomatensauce
chuletas de cordero a la parrilla	gegrillte Lammkoteletts
chuletas de cordero a la riojana	Lammkoteletts mit Schinken, Tomaten und roten Paprikaschoten
chuletas de cordero al sarmiento	über Rebholz gebratene Lammkoteletts
chuleta de ternera	Kalbskotelett
chuleta de ternera a la antigua española	Kalbskotelett mit Champignons

chuleta de ternera a la milanesa	paniertes Kalbskotelett mit Käse
chuleta de ternera a la navarra	Kalbskotelett mit Auberginen und Paprikaschoten
chuleta de ternera a la papillote	in Folie gegartes Kalbskotelett
chuleta de venado a la naranja	Hirschkotelett mit Orange
chuletitas	kleine Koteletts
chuletitas de cordero a la brasa	kleine Lammkoteletts vom Rost
chuletitas de lechal al ajillo	Milchlammkoteletts mit Knoblauch gebraten
chuletón	großes Kalbs- oder Rinderkotelett
chuletón de Bérritz	gegrilltes großes Kalbskotelett mit Öl, Knoblauch und Petersilie gewürzt (Baskenland)
chuletón de buey	großes Rinderkotelett
chuletón de ternera a la parrilla	großes gegrilltes Kalbskotelett
churrasco	Lendenschnitte vom Rost oder Grill (Spezialität von Córdoba)
churros	in Öl ausgebackenes Spritzgebäck aus Mehl und Wasser, mit Zucker bestreut
cidra confitada	Zitronat
ciervo	Hirsch
cigala	Kaisergranat
cigalas cocidas	gekochter Kaisergranat
cigalas a la plancha	auf heißer Metallplatte gebratener Kaisergranat
cilantro	Koriander
cinta	Roter Bandfisch
cintas	eine Art Bandnudeln
ciruela	Pflaume

ciruela amarilla	Mirabelle
ciruela claudia	Reineclaude
ciruela pasa	Backpflaume
ciruela en tocino	mit Speck umwickelte Pflaume
cítricos	Zitrusfrüchte
civet (de caza)	Wildragout
civet de ciervo	Hirschragout
civet de gamo	Damhirschragout
civet d'isard (kat.)	Gemsenjung
civet de jabalí	Wildschweinragout
civet de liebre	Hasenpfeffer
civet de pato	Entenjung
civet de rebeco	Gemsenjung
civet de venado	Hirschragout
clara de huevo	Eiweiß, Eiklar
claudia	Reineclaude
clavillo	Gewürznelke
clavo (de olor)	Gewürznelke
clementina	Clementine
coca	1. Koka(strauch); 2. fladenartiger Kuchen, meist zu bestimmten Feiertagen; 3. Art Pizza, mit Fleisch, Fisch oder Gemüse belegt (Spezialität der Balearen)
coca de chicharrones	flacher Kuchen mit Speckgrieben
coca dulce	flacher süßer Kuchen
coca de llardons (kat.)	siehe coca de chicharrones
coca mallorquina	Art Gemüsepizza
coca amb pinxes (kat.)	Art Sardinentorte
coca de recapte (kat.)	pizzaähnliche Torte, mit Hering, Würstchen, Gemüse etc. belegt (Katalonien)

coca de San Juan	großer flacher Zuckerkuchen mit kandierten Früchten, Pinienkernen etc., in Katalonien traditionell zur Johannisnacht (23./24. Juni)
coca de verdura	Art Gemüsepizza
cocadas	Art Kokosmakronen (Galicien)
cochifrito	Gericht aus gekochtem und anschließend gebratenem Lamm- oder Zickleinfleisch, in der Tonschale serviert
cochifrito de borrego	Lammtopf mit Kartoffeln in Weinsauce
cochifrito al estilo de Cuenca	gebratenes Lammfleisch mit Tomatensauce
cochifrito navarro	Lammragout in würziger Sauce
cochinillo	Spanferkel
cochinillo asado	gebratenes Spanferkel
cochinillo asado a la segoviana	in Wein und Knoblauch mariniertes, gebratenes Spanferkel
cocido	1. gekocht; 2. typisch spanisches Eintopfgericht auf der Basis von Hülsenfrüchten (meist Kichererbsen)
cocido andaluz, cocido a la andaluza	Eintopf aus Kichererbsen, grünen Bohnen, Fleisch, Kartoffeln, Tomaten
cocido canario	siehe puchero canario
cocido castellano	Eintopf aus Kichererbsen, Gemüse, Fleisch, Wurst, Kartoffeln
cocido catalán	siehe escudella i carn d'olla
cocido a la española	Kichererbsen mit Fleisch, Huhn, Schweinsfüßchen, Kohl, Kartoffeln
cocido euscalduna	Kichererbsen, rote Bohnen, Kohl, Fleisch, Schinken, Speck, Paprikawurst (Baskenland)
cocido extremeño	Kichererbsen, Gemüse, Rindfleisch, Blut- und Paprikawurst (Estremadura)

cocido gaditano	Kichererbsen, grüne Bohnen, Kürbis, Kartoffeln, Fleisch, Kuheuter (Andalusien)
cocido gallego	Kichererbsen, Fleisch, Schinken, Kohl, Steckrübenblätter (Galicien)
cocido guipuzcoano	weiße Bohnen, Kartoffeln, Gemüse (Baskenland)
cocido madrileño	Kichererbsen, Fleisch, Wurst, Schinken, Huhn, Kohl, Rüben, Speck, in drei Gängen serviert
cocido maragato	Kichererbsen mit neun verschiedenen Fleisch- und Wurstsorten, die Brühe wird als zweiter Gang serviert (León)
cocido montañés	weiße Bohnen, Kohl, Kartoffeln, Speck (Santander)
cocido de pelotas	Kichererbsen, Huhn oder Puter, Schweinefleisch, Kartoffeln und Fleischbällchen (Levante)
cocido a la sevillana	Eintopf, bei dem das Fleisch gebraten mit Rührei serviert wird
cocido vasco	Kichererbsen mit Spinat und harten Eiern
cocina	1. Küche; 2. Kochherd
cocina casera	(gut)bürgerliche Küche
cocina marinera	auf Fisch und Meeresfrüchte spezialisierte Küche
cocina de mercado	marktorientierte Küche
cocina regional	regionale Küche
coco	Kokosnuß
coco rallado	Kokosraspel
cocochas	siehe kokotxas
cocs farcits (kat.)	mit Paprikawurst und Speck gefüllte gebackene Brötchen
cóctel	Cocktail
cóctel de frutas	Früchte-Cocktail

cóctel de frutos de mar	Meeresfrüchte-Cocktail
cóctel de gambas	Krabbencocktail
cóctel de mariscos	Meeresfrüchte-Cocktail
cóctel de mejillones	Miesmuschel-Cocktail
cóctel de ostras	Austern-Cocktail
codillo	Haxe
codillo de cerdo asado	Schweinshaxe
codillo de cerdo hervido	Eisbein
codillo de ternera	Kalbshaxe
codoñate	Quittenbrot
codornices	Wachteln
codornices albardadas	mit einer Schinkenscheibe umwickelte, geschmorte Wachteln (Estremadura)
codornices a la bilbaína	in Weinblätter gewickelte und mit einer Speckscheibe belegte geschmorte Wachteln (Baskenland)
codornices a la cazadora	Wachteln mit Pilzen in Weinsauce
codornices en escabeche	marinierte Wachteln
codornices al estilo de la Rioja	mit Wachteln gefüllte Paprikaschoten in Weinsauce
codornices al estilo de la Tierra de Campos	mit Speck umwickelte Wachteln in Weinsauce (Kastilien)
codornices a la gallega	Wachteln mit Bohnen und Tomaten
codornices a la jardinera	mit Gemüse geschmorte Wachteln
codornices a la maître d'hôtel	Wachteln mit Butter, Zitrone und Petersilie
codornices al nido	Wachteln im Kartoffelnest
codornices con uvas	Wachteln mit Weintrauben
cogollo	Herz (von Salat etc.)
cogollos de alcachofas	Artischockenherzen
cogollos de lechugas	Salatherzen

cogollos de Tudela	zarte Salatherzen aus Tudela (Navarra)
cogote de merluza	Nackenstück vom Seehecht
col	Kohl
col blanca	Weißkohl
col de China	Chinakohl
col fermentada	Sauerkraut
col lombarda	Rotkohl
col rellena	Kohlroulade
col rizada	Wirsing
col verde	Grünkohl
cola	Schwanz
colas de gamba	Garnelenschwänze
colas de langosta	Langustenschwänze
cola de rape	Schwanzstück vom Seeteufel
cola de toro	gebratener Stierschwanz (Andalusien)
cola de vaca a la jerezana	Kuhschwanz in Sherrysauce
colación	Imbiß, leichtes Essen
coles de Bruselas	Rosenkohl
coliflor	Blumenkohl
coliflor al ajiaceite	Blumenkohl mit Knoblauchsauce (Murcia)
coliflor a la crema	Blumenkohl mit weißer Sauce im Ofen überbacken
coliflor al estilo de Badajoz	panierte, in Öl ausgebackene Blumenkohlröschen
coliflor a la granadina	Blumenkohl mit Specksauce
coliflor al horno	mit Semmelbrösel und Käse überbackener Blumenkohl
colleja	weißes Leimkraut (in manchen Gegenden als Gemüse gegessen)
colmenillas	Morcheln
colorantes	Farbstoffe

colza	Raps
comestible	eßbar
no comestible	ungenießbar
comida	1. Essen; 2. Mittagessen
comidas caseras	gutbürgerliches Essen
comidas para llevar	Gerichte zum Mitnehmen
comidas rápidas	Schnellgerichte
comino	(Kreuz-)Kümmel
compota	Kompott
compota de manzana	Apfelkompott
con	mit
concentrado de tomate	Tomatenmark
concha	Muschel(-Schale)
concha de peregrino	Pilgermuschel (siehe vieira)
conchas a la catalana	mit Muschel- und Fischfleisch gefüllte, überbackene Muscheln
condimentar	würzen
condimento	Würze, Gewürz
conejo	Kaninchen
conejo al ajillo	mit Öl und Knoblauch gebratenes oder gegrilltes Kaninchen
conejo con alioli	Kaninchen mit Knoblauchmayonnaise
conejo almogavar	Kaninchenstücke in einer Sauce aus Zwiebeln, Knoblauch, Schokolade, Leber und Wein
conejo con almendras	Kaninchen in Mandel-Leber-Sahne-Sauce
conejo a la ampurdanesa	Kaninchen in Schokoladensauce (Katalonien)
conejo con azafrán	Kaninchen in Wein-Safran-Sauce
conejo a la bilbaína	gebratene Kaninchenstücke mit Champignons, Haselnüssen, Schokolade, Rotwein

conejo de bosque	Wildkaninchen
conejo a la burguesa	Kaninchenstücke mit Speck, Zwiebeln, Knoblauch in Wein geschmort
conejo a la cacereña	Kaninchen mit Artischocken und Kartoffeln
conejo a la campesina	Kaninchen mit Zwiebeln und Champignons
conejo con caracoles	Kaninchen mit Schnecken
conejo a la catalana	Kaninchen in Tomaten-Zwiebel-Paprika-Sauce mit Sherry
conejo a la cazadora	Kaninchen in würziger Wein-Tomaten-Sauce mit Champignons
conejo a la chilindrón	Kaninchen in dicker Tomaten-Paprika-Sauce
conejo en escabeche	mariniertes Kaninchen
conejo estofado	Kaninchen in Wein-Tomatensauce geschmort
conejo guisado con hierbas	Kaninchen mit Kräutern geschmort
conejo a la labradora	Kaninchen mit Kartoffeln und Gemüse
conejo a la montañesa	Kaninchen mit Zwiebeln, Pilzen und Kräutern in Weinsauce
conejo de monte	Wildkaninchen
conejo de monte a la vizcaína	geschmortes Wildkaninchen mit Knoblauch, Petersilie, Schokolade und Wein
conejo con nabos y peras	Kaninchen mit weißen Rüben und Birnen
conejo a la naranja	Kaninchen mit Orange
conejo a la navarra	Kaninchenragout in Tomaten-Zwiebel-Knoblauch-Wein-Sauce mit Kartoffeln
conejo en pepitoria	Kaninchen in Wein-Zwiebel-Mandelsauce
conejo con pisto al estilo de la Mancha	Kaninchen mit geschmortem Gemüse

conejo relleno de ciruelas con salsa de cebolla	mit Backpflaumen gefülltes Kaninchen in Zwiebelsauce
conejo con salsa de chocolate	Kaninchen mit Schokoladensauce
conejo a la valenciana	Kaninchen in Knoblauch-Mandel-Sauce
confit de pato	Entenfleisch, im eigenen Fett gekocht und eingemacht
confitado	eingelegt, eingemacht (im eigenen Saft)
confitura	Konfitüre
congelado	tiefgefroren
congelados	Tiefkühlkost
congrio	Seeaal, Meeraal
congrio a la costera	Seeaal in Weinsauce mit Kartoffeln (Asturien)
congrio a la riojana	Seeaal mit Tomaten und Paprikaschoten
congrio a la tarraconense	Seeaal mit Tomaten und Knoblauchsauce
congrio al verde	Seeaal mit Erbsen in grüner Sauce
conill a l'allioli (kat.)	Kaninchen mit Knoblauchmayonnaise (Katalonien)
conserva	Konserve
conservantes	Konservierungsmittel
consomé	klare Brühe, Kraftbrühe
consomé de carne	Fleischbrühe
consomé de gallina	Hühnerbrühe
consomé al jerez	Brühe mit Sherry
consomé madrileño	Fleischbrühe mit Gemüse
consomé con yema	Brühe mit Eigelb
consumición	Verzehr, Zeche
contrafilete	Rippenstück vom Rind
copa de helado	Eisbecher
copos de avena	Haferflocken

coques	siehe coca
coquinas	Sägezahn (eine Muschelart)
coquinas a la andaluza	gekochte Muscheln mit Tomaten, Zwiebeln und grünen Paprikaschoten
coquitos	1. Kokosmakronen; 2. Sperlingstäubchen
corazón	Herz
corazones de alcachofas	Artischockenherzen
corazones de monja	herzförmiges Honig-Mandel-Gebäck (Estremadura)
corcino	Rehkitz
cordero	Lamm, Lammfleisch
cordero al ajillo	Lammragout in Wein-Knoblauch-Sauce
cordero en ajillo a lo pastor	gebratene Lammstücke mit Knoblauch, Kümmel, Safran und Wein
cordero a la antigua española	Lammragout mit Kartoffeln und weißen Rüben
cordero asado	Lammbraten
cordero asado a la madrileña	mit Wein und Knoblauch gebratenes Lamm
cordero asado a la manchega	Lammbraten mit Weinsauce
cordero asado al estilo de Sepúlveda	im Ofen gebratenes Lamm
cordero en caldereta	Lammragout
cordero al (oder a la) chilindrón	Lammragout in einer Sauce aus Tomaten, roten Paprikaschoten und Wein (Navarra)
cordero guisado	geschmortes Lammfleisch mit Zwiebeln und Knoblauch in Weinsauce
cordero lechal	Milchlamm
cordero lechal al estilo de Béjar	geschmortes Milchlamm mit Kräutern, Walnüssen, Kastanien und Kartoffeln

cordero lechal a la segoviana	Milchlamm mit Knoblauch und Wein im Ofen gebraten
cordero a la miel	geschmortes Lamm in Honig-Essig-Wein-Sauce
cordero a la murciana	Lammragout mit Gemüse in Tomaten-Wein-Sauce
cordero pascual	Osterlamm
cordero a la pastora	gebeiztes, mit Milch geschmortes Lammfleisch mit Kartoffeln, Artischocken und Spargel (Aragonien)
cordero al tombet	Lammragout mit Gemüse und Kartoffeln (Levante)
corona de arroz	Reisrand
cortadillos	mit Zitronat und Kürbiskonfitüre gefüllte kleine Kuchen (Andalusien)
cortaditos de mazapán	Marzipanstangen
corteza	Rinde, Schale, Kruste, Schwarte
corteza de cerdo	geröstete Speckschwarte (zum Aperitif)
corteza de limón	Zitronenschale
corteza de pan	Brotrinde
coruxo (galic.)	Steinbutt (siehe rodaballo)
corvina	Adlerfisch
corvina a la andaluza	Adlerfisch mit Tomaten, Zwiebeln und Sherry im Ofen gegart
corzo	Reh
corzo asado	Rehbraten
costillar	Karree, Rippenstück
costillar de cerdo a la parrilla	Schweinskarree vom Grill
costillar de venado	Hirschkarree
costillas	Rippchen
costillas al alioli	Lammrippchen mit Knoblauchmayonnaise
costillas de cabrito	Ziegenrippchen

costillas de cerdo a la parrilla	gegrillte Schweinerippchen
costillas de cordero a la baturra	Lammrippchen vom Rost
costillas de cordero al hojaldre	Lammrippchen mit Blätterteig
costra	Kruste
costrada navarra	im Ofen überbackene Suppe mit Brot, Eiern und Paprikawurst
costrones	Croûtons (geröstete Brotwürfel oder -scheiben zum Garnieren)
coulis	Püree
coulis de castañas	Kastanienpüree
crema	1. Creme(speise); 2. Cremesuppe; 3. Sahne
a la crema	in Rahmsauce
crema de almejas	Muschelcremesuppe
crema de apio	Selleriecremesuppe
crema de ave	Geflügelcremesuppe
crema de boniato	Süßkartoffelcremesuppe
crema borracha	Cremespeise mit Wein oder Likör
crema de cangrejos	Krebscremesuppe
crema catalana	Cremespeise mit Karamelkruste (Katalonien)
crema de champiñones	Champignoncremesuppe
crema de erizos de mar	Seeigelcreme
crema de espárragos	Spargelcremesuppe
crema fría de apio y calabacín	kalte Sellerie- und Zucchinicreme
crema de guisantes	Erbsencremesuppe
crema de la huerta	Gemüsecremesuppe
crema inglesa	englische Creme (Milch, Zucker, Eigelb), zu Biskuit und Blätterteig
crema de langosta	Langustencremesuppe
crema de leche	Sahne

crema malagueña	Weincreme
crema de mejillones	Muschelcremesuppe
crema de nueces	süße Walnußcreme (Baskenland)
crema pastelera	gekochte Eiercreme, zum Füllen von Kuchen und Gebäck
crema de puerros	Lauchcremesuppe
crema quemada	flambierte Creme
crema de tomate	Tomatencremesuppe
crema de vino blanco	Weincreme
crema vichiyssoise	Lauch-Sahnecremesuppe
cremoso	cremig
crêpe, crep	Crêpe, dünner Eierpfannkuchen
crestas de gallo estofadas	geschmorte Hahnenkämme
criadillas	Hoden
criadillas de cordero	Lammhoden
criadillas de mar	Seetrüffel
criadillas rebozadas	Lamm- oder Kalbshoden, paniert und gebraten
criadillas de ternero	Kalbshoden
criadillas de tierra	weiße Trüffeln (Spezialität in Estremadura)
criadillas de tierra a la extremeña	weiße Trüffeln mit Zwiebeln in Eiersauce
criadillas de toro al ajo arriero	Stierhoden mit Knoblauchsauce
crocante	Krokant
crois(s)ant	Hörnchen, Croissant
croissant de chocolate	mit Schokolade gefülltes Hörnchen
croissant de crema	mit Creme gefülltes Hörnchen
cromesquis	kleine Krapfen mit Fleisch- oder Fischfüllung, paniert und in Öl ausgebacken
croques	galicische Bezeichnung für Herzmuscheln (berberechos)

croquetas	Kroketten
croquetas de bacalao	Stockfischkroketten
croquetas de gambas	Krabbenkroketten
croquetas de jamón	Schinkenkroketten
croquetas de marisco	Meeresfrüchte-Kroketten
croquetas de merluza	Seehechtkroketten
croquetas de patata	Kartoffelkroketten
croquetas de pollo	Geflügelkroketten
crudités	Rohkostsalat
crudo	roh
crujiente	knusprig, kroß
crustáceos	Krustentiere
cuajada	eine Art Dickmilch
cuajada con frutas y miel	Dickmilch mit Früchten und Honig
cuarto	Viertel
cubierto	1. Gedeck; 2. Besteck
cubiletes	Fleischpastetchen
cubitos de caldo	Brühwürfel, Suppenwürfel
cuchara	(Eß-)Löffel
cucharada	Eßlöffel voll
cucharilla, cucharita	Kaffeelöffel, Teelöffel
cucharón	Kochlöffel, Schöpflöffel
cuchillo	Messer
cuco	Roter Knurrhahn (Fisch) in Asturien
cuello	Hals
culis	siehe coulis
curado	luftgetrocknet oder geräuchert
curry	Curry
curry de cordero	Lammcurry
cuscús	siehe alcuzcuz

cutxipanda (kat.)	im Tontopf gekochtes Gemüse, evt. mit Schweinefleisch, Blutwurst oder Schnecken

D

dados de jamón	Schinkenstückchen
dátiles	Datteln
dátiles de mar	Meerdatteln (eine Muschelart)
dátiles con tocino	mit gebratenem Speck umwickelte Datteln
degustación	Probieren, Kosten
degustar	probieren, kosten
delicia	feinstes Stück vom Fisch oder Fleisch
delicias	mit Creme, Konfitüre etc. gefüllte Biskuitröllchen
delicias de lenguado	feine Seezungenfilets
delicias de lomo de cerdo con setas	feine Schweinelendenscheiben mit Pilzen
delicioso	köstlich
al dente	»mit Biß«, nicht ganz weich gekocht (z. B. Nudeln oder Reis)
dentón	Zahnbrasse
dentón a la sal	in dicker Salzkruste gegarte Zahnbrasse
dentón a la vasca	Zahnbrasse in Wein-Mandel-Sauce
desayunar	frühstücken
desayuno	Frühstück
deshuesado	entbeint (Fleisch, Geflügel); entsteint (Obst)
diente de ajo	Knoblauchzehe
diente de león	Löwenzahn
dieta	Diät

dietético	diätetisch
digestivo	verdauungsfördernd
a discreción	nach Belieben, soviel man will
docena	Dutzend
doncella	Meerjunker, Pfauenfisch
dorada	Goldbrasse
dorada al estilo de Alcántara	gefüllte Goldbrasse in Weinsauce mit Miesmuscheln
dorada a la marinera	Goldbrasse in Wein-Tomaten-Zwiebel-Knoblauch-Sauce
dorada a la provenzal	Goldbrasse mit Zwiebeln, Tomaten, Weißwein im Ofen gegart
dorada a la sal	Goldbrasse in dicker Salzkruste gegart
dorado	gebräunt, goldgelb angebraten
a dos salsas	mit zwei verschiedenen Saucen
duelos y quebrantos	Gericht aus Eiern, Speck und Hirn (La Mancha)
dulce	1. süß; 2. Süßspeise
dulce malagueño	Süßigkeit aus Grieß, Eigelb, Zucker, Rosinen und Quittenbrot
dulce de membrillo	Quittenbrot
dulces	Süßigkeiten, Süßspeisen
duro	hart, zäh

E

edulcorante	Süßstoff
de elaboración propia	hausgemacht, selbstgemacht
a elegir	zum Auswählen, nach Wahl
embutidos	Wurstwaren
embutidos del país	regionale Wurstwaren
embutidos variados	Wurstplatte

empanada	gefüllte Teigpastete (galicische Spezialität)
empanada asturiana	mit Hackfleisch und Paprikawurst gefüllte Pastete
empanada de batallón	mit Paprikawurst, Schinken, Paprikaschoten und Zwiebeln gefüllte Pastete (León)
empanada a la gallega	mit Fleisch oder Fisch und Zwiebeln gefüllte Pastete
empanada de lamprea	mit Neunauge gefüllte Pastete (Galicien)
empanada mallorquina	mit Lammfleisch und Paprikawurst (sobrasada) gefüllte Pastete
empanada santiaguesa	Fleischpastete
empanada de vieiras	mit dem Fleisch der Pilgermuschel gefüllte Pastete
empanadilla	kleine gefüllte Teigpastete
empanadillas de pescado	kleine Teigpasteten mit Fischfüllung
empanadillas valencianas	kleine Teigpasteten mit Thunfisch-Tomaten-Füllung
empanado	paniert
emparedado	Sandwich, belegte Doppelschnitte
emparedado de atún	Thunfisch-Sandwich
emparedado de huevo	Eier-Sandwich
emparedado de jamón	Schinken-Sandwich
emparedado de queso	Käse-Sandwich
emparedado vegetal	Gemüse-Sandwich
empedrado (kat. empedrat)	siehe arroz empedrado
emperador	Schwertfisch
empiñonadas	kleine Kuchen mit Pinienkernen
empiñonado	mit Pinienkernen
por encargo	auf Bestellung
encebollado	mit Zwiebeln
encebollado de carne	eine Art Zwiebelfleisch

encebollado de carne al estilo de Córdoba	mit viel Zwiebeln in Wein geschmortes Rindfleisch
encurtidos	Mixed Pickles, Essiggemüse
endibias (manchmal fälschlich endivias geschrieben)	Chicorée
endibias gratinadas al queso azul	mit Blauschimmelkäse überbakkener Chicorée
endibias al Roquefort	Chicoréesalat mit Roquefortsauce
endrina	Schlehe
enebrina	Wacholderbeere
eneldo	Dill
ensaimada	Blätterteigschnecke, mit Schweineschmalz (kat. saïm) gebacken (Mallorca)
ensaimada rellena de sobrasada	mit Paprikawurst (sobrasada) gefüllte Blätterteigschnecke
ensalada	Salat
ensalada andaluza	Reissalat mit Tomaten und Paprikaschoten
ensalada de apio	Selleriesalat
ensalada de arroz	Reissalat
ensalada de atún	Thunfischsalat
ensalada de calamares	Tintenfischsalat
ensalada catalana	grüner Salat mit Wurst, Schinken, Oliven und Thunfisch
ensalada de coliflor	Blumenkohlsalat
ensalada de endibias	Chicoréesalat
ensalada de escarola	Endiviensalat
ensalada de habas	weißer Bohnensalat
ensalada ilustrada	bunter Salat
ensalada koskera	Fischsalat (Baskenland)
ensalada de langosta	Langustensalat
ensalada de lechuga	grüner Salat, Kopfsalat

ensalada manchega	Stockfischsalat mit harten Eiern und Zwiebeln
ensalada de mariscos	Salat aus Meeresfrüchten
ensalada mixta	gemischter Salat
ensalada de morro de buey	Ochsenmaulsalat
ensalada murciana	Endiviensalat mit Tomate und Kresse
ensalada normanda	Kartoffelsalat mit Miesmuscheln
ensalada de palmitos	Palmherzensalat
ensalada de pasta	Nudelsalat
ensalada de patatas	Kartoffelsalat
ensalada de pescado	Fischsalat
ensalada de pollo	Geflügelsalat
ensalada polonesa	Kartoffelsalat mit Roten Beten
ensalada de primavera	Frühlingssalat (Kartoffeln und Gemüse)
ensalada de pulpo	Krake in Essig und Öl
ensalada rusa	siehe ensaladilla rusa
ensalada de salmón	Lachs mit harten Eiern, Spargel und grünem Salat
ensalada de San Isidro	grüner Salat mit Thunfisch, harten Eiern und Zwiebeln
ensalada templada	warmer Salat
ensalada de temporada	Salat der Saison
ensalada tibia	warmer Salat
ensalada del tiempo	Salat der Saison
ensalada de tomate	Tomatensalat
ensalada variada	gemischter Salat
ensalada de verano	Sommersalat
ensalada verde	grüner Salat
ensaladilla rusa	russischer Salat (Kartoffeln, Gemüse und Mayonnaise)
entero	ganz, ganze(r)

entradas	Vorspeisen
entrantes	Vorspeisen
entrecot	Entrecôte (Zwischenrippenstück)
entremeses	Vorspeisen
entremeses variados	verschiedene Vorspeisen
entretenimientos	kleine Vorspeisen
erizo de mar	Seeigel
erizos de mar gratinados	gratinierte Seeigel
escabechado	mariniert, gebeizt
escabeche	Marinade, Beize
en escabeche	mariniert, gebeizt
escabeche de bonito	marinierter Thunfisch
escabeche de palomas	marinierte Tauben
escaldillas	mit Orangensaft getränktes, fritiertes Gebäck (Estremadura)
escaldón	dicke Suppe aus »gofio« (geröstetes Maismehl), grünen Paprikaschoten, Speck und Knoblauch (Kanarische Inseln)
escaldums (kat.)	geschmorte Hähnchen- oder Truthahnstücke in Tomaten-Zwiebel-Knoblauch-Sauce (Balearen)
escalfado	pochiert
escalivada (kat.)	Art Salat aus im Ofen gebratenen Auberginen, Zwiebeln und roten Paprikaschoten, kalt serviert (Katalonien)
escalonia	Schalotte
escalope, escalopa	Schnitzel
escalope de cerdo	Schweineschnitzel
escalope empanado	paniertes Schnitzel
escalope milanés	Wiener Schnitzel
escalope de pavo	Putenschnitzel
escalope de pollo	Hähnchenschnitzel

escalope de salmón	Lachsschnitzel
escalope de ternera	Kalbsschnitzel
escalope vienés	Wiener Schnitzel
escalopines, escalopinas	kleine Schnitzel, feine Fleischscheiben oder Fischfilets
escalopines de hígado de pato	feine Entenleberscheiben
escalopines de solomillo	feine Filetscheiben
escamas	(Fisch-)Schuppen
escarola	Endivie(nsalat)
escorpena, escorpina, escórpora	Drachenkopf (Fisch)
escorzonera	Schwarzwurzel
escudella (kat.)	Nudel- oder Reissuppe aus der Brühe des Eintopfgerichts »carn d'olla« (s. d.)
escudella barrejada (kat.)	Suppe mit Kohl, Kichererbsen, Schinken, Speck, Reis und Nudeln
escudella i carn d'olla (kat.)	typisch katalanischer Eintopf aus Kichererbsen, Kartoffeln, Speck, Fleisch, verschiedenen Wurstarten und mit einem dicken Fleischkloß (pilota); die Brühe wird getrennt als Suppe gereicht (siehe escudella)
escudella de pagès (kat.)	Suppe mit weißen Bohnen, Reis, Nudeln, Blutwurst, Kartoffeln, Kohl, Möhren und Lammfleisch
escupiña (kat. escopinya)	eine Venusmuschelart
escupiñas a la crema	Muscheln mit Bechamelsauce in der Schale überbacken
espaguetis	Spaghetti
espaguetis a la boloñesa	Spaghetti mit Hackfleisch-Tomaten-Sauce
espalda de cabrito	Zickleinschulter
espalda de cabrito a la vasca	Zickleinschulter mit Brot-Speck-Füllung, im Ofen gebraten
espalda de cordero	Lammschulter

espalda de cordero a la jardinera	mit Speck gefüllte Lammschulter, mit Gemüse geschmort
espaldita de cabrito	Zickleinschulter
españoletas	Art Mürbeteiggebäck (Navarra)
espardenya (kat.)	Seewalze, Seegurke
espárragos	Spargel
espárragos amargueros	grüne Spargelspitzen in Knoblauch-Essig-Sauce
espárragos a la andaluza	Spargel mit Wein-Knoblauch-Sauce
espárragos a la crema	Spargel mit Bechamelsauce überbacken
espárragos dos salsas	Spargel mit zwei verschiedenen Saucen (Mayonnaise und Vinaigrette)
espárragos al estilo de Málaga	Spargel mit roten Paprikaschoten, Knoblauch und Eiern überbacken
espárragos a la madrileña	Spargel mit heller Sauce aus Butter, Eigelb und Zitrone
espárragos montañeses	geschmorte Lammschwänze mit Tomaten und Paprikaschoten (Aragonien)
espárragos a la sevillana	Spargel mit Knoblauch-Brot-Sauce
espárragos trigueros	wilder Spargel
especialidad	Spezialität
especialidad de la casa	Spezialität des Hauses
especialidad del día	Spezialität de Tages
especias	Gewürze
espeto	Bratspieß
espetón	Bratspieß
espetones de boquerones	Sardellen am Spieß, über Holzfeuer gebraten (Andalusien)
espetones del palo	auf Holzpfähle gespießte Sardinen, über Holzfeuer im Freien gebraten (Andalusien)
espina	(Fisch-)Gräte

espinacas	Spinat
espinacas a la catalana	Spinat mit Rosinen und Pinienkernen
espinacas al estilo cordobés	Spinat mit Knoblauch und Essig
espinacas al estilo de Jaén	Spinat mit Paprikaschoten, Knoblauch, Brot und Öl
espinacas al Sacromonte	Spinat mit Mandeln und Rosinen
esponjados asturianos	Art Schaumgebäck aus Sirup und Eiweiß
espuma	Schaum (siehe auch mousse)
espuma de manzana	Apfelschaum
espuma de salmón	Lachsschaum
esqueixada (kat.)	Salat aus rohem Stockfisch, Tomaten, Zwiebeln, Paprikaschoten und Oliven (Katalonien)
estofado	1. geschmort; 2. Schmorgericht, Schmorbraten, Ragout
estofado de buey	Ochsenragout mit Speck, Zwiebeln, Möhren und Rotwein (Asturien)
estofado de caza	Wildragout
estofado de cordero	Lammragout
estofado de hortalizas	Schmorgemüse
estofado de jabalí	Wildschweinragout
estofado de liebre	Hasenragout
estofado de rabo de buey	geschmorter Ochsenschwanz (Andalusien)
estofado de rabo de toro	geschmorter Stierschwanz (Andalusien)
estofado de ternera	geschmortes Kalbfleisch
estofado de la trinidad	Fischtopf mit Schleie, Karpfen und Aal (Asturien)
estofado de vaca a la asturiana	in Wein geschmortes Rindfleisch mit Gemüse
estofado de vaca a la catalana	Rinderragout mit Erbsen

estofado a la vizcaína	Ochsenragout mit Schinken, Speck, Gemüse und Gewürzen in Rotwein geschmort
estornino	1. Star, 2. Blasenmakrele
estragón	Estragon
esturión	Stör
esturión ahumado	geräucherter Stör
eucalipto	Eukalyptus
excelente	ausgezeichnet
extracto	Extrakt

F

fabada asturiana	Eintopf aus besonders großen weißen Bohnen, Paprikawurst, Blutwurst, Schinken und Speck
fabes	weiße Bohnen (Asturien)
fabes con almejas	weiße Bohnen mit Venusmuscheln
fabes con liebre	weiße Bohnen mit Hase
fabes con perdiz	weiße Bohnen mit Rebhuhn
faisán	Fasan
faisán a la crema	Fasan in Sahnesauce
faisán al modo de Alcántara	in Portwein gebeizter, mit Trüffeln und Entenleber gefüllter Fasan
faisán en puchero	gekochter Fasan in würziger Sauce (Baskenland)
faisán en salmis con castañas	Fasanenragout mit Kastanien
faisán trufado	getrüffelter Fasan
faisandé	Hautgout
faneca	Franzosendorsch
farcellets (kat.)	kleine Rouladen, Röllchen
farcellets balears (kat.)	mit sobrasada (Paprikawurst) und Speck gefüllte Rindsrouladen

farcellets de col (kat.)	kleine Kohlrouladen mit verschiedener Füllung
farcellets de llobarro (kat.)	Wolfsbarschröllchen
farcellets de marisco (kat.)	mit Meeresfrüchten gefüllte Kohlrouladen
fariñas	Brei aus Maismehl, Milch, Zucker und Honig (Asturien)
farinato	eine Wurstspezialität aus Salamanca, wird häufig zu Spiegeleiern gegessen
farinetas	regional für gachas (s. d.)
fayules, fayueles	Art Eierpfannkuchen (Asturien)
fécula	Stärke
feixets (kat.)	gefüllte Kalbsröllchen (Katalonien)
fiambres	kalte Speisen, Aufschnitt
fibra	Ballaststoffe (wörtlich: Faser)
fideos	Fadennudeln
fideos a banda	gekochter Fisch mit Nudeln, die in der Fischbrühe gekocht werden; der Fisch wird getrennt serviert
fideos a la catalana	Nudelgericht mit Fleisch, Würstchen, Tomaten und Zwiebeln
fideos a la cazuela	Nudeln mit Fleisch, Wurst, Schinken und Speck in Tomaten-Zwiebel-Sauce, in der Tonschale serviert
fideos de chocolate	Schokoladenstreusel
fideos con mariscos	Nudeln mit Meeresfrüchten
fideos negros	Nudelgericht, das durch dunkel gebratene Zwiebeln oder Tintenfischsud eine schwarze Färbung erhält
fideos rossejats, fideos rossos (kat.)	in einer Brühe aus hellbraun angebratenen Zwiebeln, Knoblauch, Paprika, Tomaten und Fleisch gekochte Nudeln (Katalonien)

fideuà, fideuada (kat.)	Art Paella mit Fisch und Meeresfrüchten, aber mit Nudeln statt mit Reis (Valencia)
filete	1. dünne Scheibe Fleisch (kein Filet!); 2. Fischfilet
filete de anguila albufereña	Aalstücke mit Äpfeln
filete de buey	dünne Scheibe Rindfleisch
filete de buey a la euskera	in Wein-Zwiebel-Sauce gedünstete Rindfleischscheibe
filete de buey a la mostaza	dünne Rindfleischscheibe mit Senf
filete de cerdo	Art Schweineschnitzel
filete empanado	Art paniertes dünnes Schnitzel
filete de hígado	Scheibe Leber
filete de lenguado	Seezungenfilet
filete de lenguado meunière	Seezungenfilet Müllerin Art, d. h. in Mehl gewendet, in Butter gebraten und mit Zitronenscheiben serviert
filete de lenguado (a la) molinera	Seezungenfilet Müllerin Art
filete de lenguado a la pescadora	paniertes, gebratenes Seezungenfilet mit Kartoffeln und Erbsen
filete de lenguado a la romana	Seezungenfilet, in Ei und Mehl gewälzt und in schwimmendem Öl ausgebacken
filete de merluza al cava	Seehechtfilet in Sekt
filete de mero donostiarra	Zackenbarschfilet, mit Champignons, Schinken und Zwiebeln in Wein gedünstet (Baskenland)
filete de pechuga de pollo	feine Hähnchenbrustscheibe
filete de pescado	Fischfilet
filete a la pimienta	Art Pfeffersteak
filete de ternera	dünne Kalbfleischscheibe
filete de ternera a la plancha	auf heißer Metallplatte gebratene Kalbfleischscheibe
filete de toro	Art Steak vom Stier

filloas	crêpeartige, dünne Pfannkuchen (Galicien)
filloas blancas a la crema	mit Eiercreme gefüllte dünne Pfannkuchen
filloas de leche	Pfannkuchen aus Mehl, Eiern und Milch
filloas de matanza	Pfannkuchen aus Mehl, Eiern und Schweineblut, mit Zucker bestreut
fino	fein
a las finas hierbas	mit feinen Kräutern
fiyuelas	Art Eierpfannkuchen (Asturien)
flameado	flambiert
flamenquines	gefüllte Fleisch- oder Fischröllchen, paniert und in Öl ausgebacken (Andalusien)
flamenquines marineros	mit Meeresfrüchten gefüllte Fischröllchen
flan	im Wasserbad gestockter Pudding
flan al caramelo	Pudding mit Karamelsauce
flan de la casa	hausgemachter Pudding
flan de castaña	Kastanienpudding
flan de chocolate	Schokoladenpudding
flan de espinacas	Spinatpudding
flan con nata	Pudding mit Sahne
flan al ron	Rumpudding
flan de vainilla	Vanillepudding
flan de verduras	Gemüsepudding
flaó	Art Käsekuchen (Balearen)
flor de tomillo	Thymianblüte
flores manchegas	Ölgebäck in Blumenform (Kastilien)
florones	Ölgebäck, mit einem besonderen Gerät hergestellt, das mit der Teigmasse in das siedende Öl getaucht wird

fogón	Kochherd
foie gras	Leberpastete
foie gras de cerdo	Schweineleberpastete
foie gras de oca	Gänseleberpastete
foie gras de pato	Entenleberpastete
foie gras trufado	getrüffelte Leberpastete
foigrás	siehe foie gras
fondos de alcachofa	Artischockenböden
fondos de alcachofa a la gitana	Artischockenböden mit roten Paprikaschoten und schwarzen Oliven mit Vinaigrette-Sauce
fondos de alcachofa a la vasca	Artischockenböden mit Champignons und Tomaten, kalt auf Salatblättern serviert
fondue	Fondue
fondue borgoñón	Fleischfondue
fondue de carne	Fleischfondue
fondue de queso	Käsefondue
fórmigos	arme Ritter mit heißem Wein übergossen (Asturien)
frambuesas	Himbeeren
frangollo	Süßspeise aus Maismehl, Milch und Zucker (Kanarische Inseln)
fredolic (kat.)	Erdritterling (ein Speisepilz)
fréjoles (reg.)	grüne Bohnen
fresas	(Wald-)Erdbeeren
fresas del bosque	Walderdbeeren
fresas con nata	Erdbeeren mit Sahne
fresas a la pimienta	Erdbeeren mit Pfeffer
fresco	frisch, kühl
fresones	(Garten-)Erdbeeren
fresones con nata	Erdbeeren mit Sahne
fresones con vino tinto	Erdbeeren mit Rotwein

fresquilla	Art Frühpfirsich
fricandó	leicht angebratene Kalbfleischscheiben in Zwiebel-Tomaten-Knoblauch-Sauce mit Würzpilzen (Katalonien)
fríjoles (reg.)	Bohnen
frío	kalt
frisat (kat.)	Eintopf aus dicken Bohnen, Erbsen, Kartoffeln, Nudeln und Reis (Katalonien)
frisuelos	siehe frixuelos
fritada	1. Fritiertes, Ausgebackenes; 2. in La Rioja: geschmorte grüne Paprikaschoten, Tomaten, Zwiebeln und Knoblauch (als Beilage zu Fleisch oder als Sauce)
fritanga alicantina	Thunfischragout mit Kürbis und Paprikaschoten
frite	mit Paprika gewürztes Lammfleisch, in Öl gebraten (Estremadura)
frito	fritiert, in Öl ausgebacken
frito extremeño	Zickleinragout mit Knoblauch und Gewürzen
frito de leche	siehe leche frita
frito mallorquín	gebratene Leber, Nieren, Paprikaschoten, Kartoffeln und Zwiebeln
frito de pescados a la andaluza	verschiedene kleine Fische und Tintenfische, paniert in Öl ausgebacken
fritura	Fritüre, in Öl ausgebackene Speisen
fritura de frutos del mar	fritierte Meeresfrüchte
fritura malagueña	verschiedene Fische und Meeresfrüchte, in Öl ausgebacken
fritura de pescado	in Öl ausgebackene Fische
fritura de setas del tiempo	fritierte frische Pilze
friturillas	eingelegte, kandierte Früchte (Andalusien)

frixuelos	die asturische Variante der galicischen »filloas« (dünne Pfannkuchen)
frixuelos rellenos de crema	mit Creme gefüllte dünne Pfannkuchen (Asturien)
fruta	Frucht, Obst
fruta en almíbar	Obst in Sirup (meist aus der Dose)
frutas de Aragón	kandierte Früchte mit Schokoladenglasur
fruta confitada	kandierte Früchte
frutas escarchadas	kandierte Früchte
fruta fresca	frisches Obst
fruta glaseada	glasierte Früchte
frutas gratinadas al sabayón	gratinierte Früchte mit Weinschaumcreme
fruta de la pasión	Passionsfrucht
fruta de sartén	in der Pfanne fritiertes Gebäck, Pasteten etc.
frutas silvestres	Wildfrüchte
fruta del tiempo	Obst der Saison
frutas tropicales	tropische Früchte
frutos de mar	Meeresfrüchte
frutos secos	»trockene« Früchte (Mandeln, Nüsse etc.)
fuet	dünne Hartwurst (Katalonien)
fumet	eingekochte Fisch- oder Fleischbrühe als Saucenfond
fundido	geschmolzen

G

gachas	dicker Brei aus (Mais-)Mehl und Wasser, mit Schweinefleisch und Würsten oder mit Milch und Honig gegessen

gachas gaditanas	dicker Mehlbrei, mit Anis gewürzt und mit Milch übergossen (Andalusien)
gachas malagueñas	Art Kartoffelpfannkuchen
gachas de miel	Mehlbrei mit Milch und Honig
gachas de trigo	dicker Brei aus Weizenmehl
galantina	Fleischsülze mit feiner Füllung
galantina de ave	Geflügelsülze
galantina de pollo (oder gallina)	Hühnersülze
galera	Heuschreckenkrebs
galianos	Art Fladenbrot, in Stücke geschnitten und in Öl gebraten
galleta	Keks
gallina	Huhn
gallina a la bearnesa	Huhn mit Speck und Zwiebeln in Tomaten-Rotwein-Sauce
gallina a la cairatraca	Huhn in Weinsauce (Kanarische Inseln)
gallina de Guinea	Perlhuhn
gallina en pebre	Huhn in Pfeffersauce (Valladolid)
gallina en pepitoria	Huhn in einer Sauce aus Zwiebeln, Knoblauch, Mandeln und Wein, mit Eigelb legiert
gallina en pepitoria a la riojana	Huhn in einer Sauce aus Wein, Walnüssen und Milch
gallina rellena con salsa de granada	gefülltes Huhn mit Granatapfelsauce (Balearen)
gallineta	Blaumaul (eine Rotbarschart)
gallo	1. Hahn; 2. Flügelbutt (ein Plattfisch)
gallo silvestre	Auerhahn
galtes de cerdo (kat.)	Schweinebacken
gambas	Krevetten (eine Garnelenart, oft fälschlicherweise als Krabben bezeichnet)

gambas al ajillo	Krevetten mit Knoblauch gebraten
gambas a la española	Krevetten mit Zwiebeln, Knoblauch und Petersilie
gambas fritas	in Öl ausgebackene Krevetten
gambas a la plancha	auf heißer Metallplatte gebratene Krevetten
gamo	Damhirsch
Gamoneda	scharfer asturischer Käse aus Kuh-, Schaf- und Ziegenmilch
gamuza	1. Gemse; 2. Semmelstoppelpilz
ganga	Haselhuhn
ganso	Gans
ganso adobado	eingemachtes Gänsefleisch
ganso asado	Gänsebraten
garbanzos	Kichererbsen
garbanzos a la catalana	Kichererbsen mit Bratwurst, Tomaten und Pinienkernen
garbanzos fritos con cebolla	mit Zwiebeln gebratene Kichererbsen
garbanzos a lo pobre	Kichererbsen mit Kartoffeln
garbanzos de vigilia	Kichererbsen mit Spinat oder Mangold und harten Eiern
gató	Mandeltorte (Mallorca)
gazapo	junges Kaninchen
gazpacho	kalte Suppe mit vielen Varianten; ohne Zusatz handelt es sich meist um den »gazpacho andaluz« (s. d.)
gazpacho andaluz	kalte Suppe aus pürierten rohen Tomaten, Paprikaschoten, Gurken, Brotkrume, evt. Zwiebeln, Öl, Essig und Wasser
gazpacho de Antequera	kalte Suppe aus Mandeln, Knoblauch und Zitronensaft
gazpacho blanco de almendras	kalte Suppe aus Mandeln und Knoblauch

gazpacho blanco de habas	kalte Suppe aus weißen Bohnen, Brot und Eiern
gazpacho extremeño	kalte Suppe aus Tomaten (in Stückchen), Brot, Zwiebeln, Knoblauch und Öl
gazpacho manchego	Art Ragout aus Wild und Geflügel (Hase, Kaninchen, Rebhühner, Tauben etc.)
gazpacho pastoril	kalte Gurkensuppe (Estremadura)
gazpachuelo frío	kalte Suppe aus Brot und Mayonnaise, mit Oliven und Tomatenstückchen serviert
gazpachuelo de pescado	Fischsuppe mit Kartoffeln und Mayonnaise
gelatina	Gelatine
gelatina de carne	Fleischsülze
gelatina de frutas	Fruchtgelee
gérmenes de soja	Sojakeime
gérmenes de trigo	Weizenkeime
gigot de carnero	Hammelkeule
gigot de cordero	Lammkeule
gigote	Hackbraten
girella (kat.)	Wurst aus Hammeldarm, Schweineinnereien, Reis, Ei und Gewürzen (Spezialität aus Lérida, kat. Lleida)
gírgola (kat.)	Kräuterseitling (ein Speisepilz)
glaseado	glasiert
glorias	Gebäck aus Mandeln und Zucker mit Füllung aus Süßkartoffeln
gofio	geröstetes Mais-, Weizen- oder Roggenmehl, mit Wasser oder Milch zu einem Kloß geformt, als Beilage oder Brotersatz (Kanarische Inseln)
golosinas	Naschwerk, Leckerbissen, Delikatessen
Gorbea	scharfer baskischer Schafskäse

gorrets (kat.)	mit Mandeln gefüllte, süße Hütchen
gorrin asado (bask.)	Ferkelbraten (Navarra)
gorro verde	grünschuppiger Täubling (ein Speisepilz)
goulash	Gulasch
gragea	Dragée
gran surtido de . . .	große Auswahl an . . .
granada	Granatapfel
grande	groß
grano	Korn; Kern
grano de café	Kaffeebohne
grano de mostaza	Senfkorn
grano de pimienta	Pfefferkorn
grano de uva	Weinbeere (Traube)
grasa	Fett
grasa animal	tierisches Fett
grasa vegetal	Pflanzenfett
graso	fett
al gratén	gratiniert, überbacken
gratinado	1. gratiniert, überbacken; 2. überbackenes Gericht
gratinado de berenjenas	gebratene Auberginen, mit Tomatensauce und Käse im Ofen überbacken
gratinado de espinacas y almejas	Spinat mit Venusmuscheln, im Ofen überbacken
Grazalema	Schafskäse aus der Provinz Cádiz, im Geschmack dem Manchego (s. d.) ähnlich
greixera d'ous (kat.)	Mischgemüse mit Scheiben von harten Eiern (Mallorca)
greixonera de cerdo (kat.)	Auflauf aus Schweinsfüßchen, Speck und Ei (Mallorca)

greixonera dulce (kat.)	süßer Auflauf mit »ensaimadas« (s. d.) oder Biskuit mit Milch und Eiern (Mallorca)
grelos	die zarten Blätter der weißen Rübe (Galicien, León)
grosellas (rojas)	Johannisbeeren
grosellas negras	schwarze Johannisbeeren
gruyère	Schweizer Käse
guarnición	Beilage
con guarnición	mit Beilagen, garniert
guayaba	Guajave (eine tropische Frucht)
güeña	Wurst aus Schweineinnereien (Teruel)
guiberludiño (bask.)	grünschuppiger Täubling (ein Speisepilz)
guiñapo	Gericht aus Kartoffeln und Meeresfrüchten (Andalusien)
guinda	1. Sauerkirsche; 2. Belegkirsche
guindas confitadas	kandierte Kirschen
guindilla	kleine scharfe Pfefferschote, als Gewürz verwendet
guirlache	Süßigkeit aus Mandeln und Karamel
guisado	1. geschmort; 2. Schmorgericht
guisado de carne	Schmorfleisch
guisado de carnero a la castellana	Hammelragout mit weißen Rüben oder Möhren und Kartoffeln
guisado de trigo	Gemüseeintopf mit Kichererbsen und Weizen
guisandielles	Art Pasteten mit Walnußfüllung, in der Pfanne gebacken (Asturien)
guisat de marisc (kat.)	Fischtopf mit Schnecken (Ibiza)
guisantes	Erbsen
guisantes a la bilbaína	Erbsen mit Zwiebeln, Schinken und Kartoffeln

guisantes a la castellana	Erbsen mit Schinken und Kartoffeln
guisantes a la catalana	Erbsen mit Geflügelklein
guisantes a la extremeña	Erbsen mit Schinken, Paprikawurst und Kartoffeln
guisantes a la francesa	Erbsen mit Zwiebeln, Kopfsalatstreifen und Schinken gedünstet
guisantes al natural	in Öl oder Butter angedünstete und in wenig Wasser gargekochte Erbsen
guisantes a la navarra	in Wein gekochte Erbsen mit harten Eiern
guisantes salteados	Erbsen mit Schinkenstückchen in Butter geschwenkt
guisantes a la valenciana	in Wein mit Safran, Knoblauch, Zwiebeln und Kümmel gekochte Erbsen
guiso	Gericht mit Sauce; Schmorgericht
gulasch	Gulasch
al gusto	nach Belieben, nach Wahl, nach Geschmack

H

habas	dicke Bohnen, Saubohnen; regional auch: weiße Bohnen
habas a la asturiana	weiße Bohnen mit Kartoffeln, Möhren, Zwiebeln, Schinken und Wein
habas a la catalana	dicke Bohnen mit Speck, Blutwurst, Tomaten, Zwiebeln und Minze
habas frescas con calzón	junge dicke Bohnen, mit der Schote gekocht und mit Knoblauch und Schinken gewürzt
habas al estilo de Mahón	dicke Bohnen mit Paprikawurst (sobrasada)
habas a la granadina	dicke Bohnen mit Schinken und Kräutern

habas a la montañesa	weiße Bohnen mit Speck, Schinken, Zwiebeln, grünen Paprikaschoten und Kräutern
habas a la rondeña	dicke Bohnen mit Schinken, Zwiebeln, Tomaten und harten Eiern
habas salteadas	gedünstete weiße Bohnen mit Schinken
habas de soja	Sojabohnen
habas verdes	je nach Region grüne Bohnen oder zarte dicke Bohnen
habas a la vizcaína	dicke Bohnen mit Schinken und Zwiebeln
habichuelas	weiße Bohnen
habichuelas verdes	grüne Bohnen
hamburguesa	Hamburger, Frikadelle
hebras de azafrán	Safranfäden
helado	1. Speiseeis, Eiscreme; 2. gefroren
helado de chocolate	Schokoladeneis
helado de crema catalana	Eis aus »crema catalana« (s. d.)
helado de crocanti	Krokanteis
helado de fresa	Erdbeereis
helado de limón	Zitroneneis
helado de melón	Meloneneis
helado de nata	Sahneeis
helado de nuez	Walnußeis
helado de pistachos	Pistazieneis
helado de turrón	Nougateis
helado de vainilla	Vanilleeis
helado variado	gemischtes Eis
helado de yogur	Joghurteis
herrera	Marmorbrasse (ein Fisch)
hervido	1. gekocht; 2. grüne Bohnen mit Kartoffeln gekocht

hidratos de carbono	Kohlenhydrate
hielo	Eis(würfel)
hierba de canónigo	Feldsalat
hierbabuena	Minze
hierbas	Kräuter
a las hierbas	mit Kräutern zubereitet
hierbas aromáticas	feine Kräuter
higadillos (de ave)	Geflügelleber
higadillos de gallina en cazuela	gebratene Hühnerleber in Zwiebelsauce
hígado	Leber
hígado a la asturiana	Leber mit Zwiebeln, Tomaten, Knoblauch, Mandeln und Wein geschmort
hígado de cabrito	Zickleinleber
hígado de cerdo	Schweineleber
hígado de cordero a la molinera	Lammleber in Wein-Mandel-Sauce
hígado encebollado	Kalbs- oder Lammleber mit viel Zwiebeln
hígado de ganso	Gänseleber
hígado de oca	Gänseleber
hígado de oca a la manzana agria	Gänseleber mit sauren Äpfeln
hígado de pato	Entenleber
hígado de pato a las uvas	Entenleber mit Trauben
hígado de ternera	Kalbsleber
hígado de ternera a la casera	Kalbsleber in Zwiebel-Wein-Sauce
hígado de ternera estofado	in Weinsauce geschmorte Kalbsleber
higos	Feigen
higos a la crema	frische Feigen mit Sahne
higos chumbos	Kaktusfeigen
higos con miel y nueces	Feigen mit Honig und Walnüssen

higos secos	getrocknete Feigen
hinojo	Fenchel
hinojos rellenos	gefüllte Fenchelknollen
hoja de laurel	Lorbeerblatt
hoja de parra	Weinblatt
hojaldre	Blätterteig
hojaldre de mariscos	Meeresfrüchte in Blätterteig
hojuelas	in der Pfanne gebackene Teigblättchen mit Honig
hongos	Pilze
hornazo	Teigpastete mit Fleisch, Schinken, Geflügel und Wurst gefüllt (Salamanca)
hornazo de Pascua	flache Osterkuchen mit Mandelfüllung (Andalusien)
hornazo de romería	Teigpastete mit Fleisch, Schinken, Ei und Wurst gefüllt (La Mancha)
horneado	im Ofen gebraten oder gebacken
horno	Backofen
al horno	im Ofen gebraten oder gebacken
al (oder en) horno de leña	im Holzofen gebraten oder gebacken
hortalizas	(Garten-)Gemüse
hueso	Knochen; Stein (vom Obst)
hueso con tuétano	Markknochen
huesos de santo	gefüllte Marzipanröllchen
huevas	Rogen
huevas en amarillo	Rogen in gelber (Safran-)Sauce
huevas de merluza	Seehechtrogen
huevas de mújol	Meeräschenrogen
huevos	Eier
huevos a la alicantina	mit verlorenen Eiern gefüllte Kartoffeln in Krabbensauce

huevos a la americana	verlorene Eier mit Garnelen- und Krebsschwänzen in Wein-Kognak-Sauce
huevos a la andaluza	verlorene Eier mit Miesmuscheln und Tomatensauce auf Reis
huevos con bacón	Spiegeleier mit Frühstücksspeck
huevos borrachos	Rühreier mit Rotwein
huevos a la castellana	Eier auf Hackfleisch mit Bechamelsauce im Ofen überbacken
huevos en cocotte	Eier in Förmchen gebacken
huevos de codorniz	Wachteleier
huevos a la cubana	gebratene Eier mit Bananen
huevos a la donostiarra	verlorene Eier mit Kichererbsen
huevos duros	harte Eier
huevos escalfados	verlorene Eier, pochierte Eier
huevos escalfados a la bilbaína	verlorene Eier mit Erbsen
huevos escalfados a la criolla	verlorene Eier auf Reis mit Currysauce
huevos escalfados Mornay	verlorene Eier mit Bechamelsauce im Ofen überbacken
huevos al estilo de Córdoba	Spiegeleier mit Kartoffeln und Paprikawurst
huevos al estilo de Sóller	Spiegeleier auf »sobrasada« (weiche Paprikawurst) mit Gemüsepüree (Balearen)
huevos estrellados	Spiegeleier
huevos a la extremeña	Eier auf Tomaten-Zwiebel-Sauce, mit Kartoffeln, Schinken und Paprikawurst im Ofen überbacken
huevos a la flamenca	Eier auf Tomaten-, Paprikawurst- und Schinkenscheiben, grünen Bohnen, Erbsen, Spargel und roten Paprikaschoten, im Ofen gestockt (Andalusien)
huevos a la florentina	verlorene Eier mit Spinat und Bechamelsauce überbacken

huevos fritos	Spiegeleier
huevos fritos a la andaluza	Spiegeleier mit Bratwurst, Schinken und Artischockenherzen
huevos a la gitanilla	Eier auf einer Paste aus Knoblauch, Mandeln, Brot, Gewürzen und Öl, im Ofen gestockt
huevos hilados	fadenförmige Eigelb-Zuckermasse zum Verzieren von Süßspeisen oder Gebäck
huevos al jerez	Spiegeleier mit Nieren in Sherrysauce
huevos a la mallorquina	Spiegeleier mit »sobrasada« (Paprikawurst)
huevos mimosa	mit Mayonnaise gefüllte Eihälften
huevos al modo de Sóller	siehe huevos al estilo de Sóller
huevos moles	Süßspeise aus Eigelb und Zucker
huevos mollets	wachsweiche Eier
huevos al nido	verlorene Eier im Kartoffelnest
huevos pasados por agua	weichgekochte Eier
huevos al plato	Setzeier
huevos al plato a la navarra	Setzeier mit Paprikawurst und Tomaten, mit Käse im Ofen überbacken
huevos primavera	Eier mit grünen Bohnen, Tomaten und Schinken im Ofen überbacken
huevos rellenos	gefüllte harte Eier
huevos rellenos a la española	mit Thunfisch und Garnelen gefüllte harte Eier
huevos revueltos	Rühreier
huevos revueltos a la catalana	Rühreier mit Spinat und Pinienkernen
huevos revueltos a la manchega	Rühreier mit geschmortem Gemüse
huevos a la riojana	Spiegeleier mit Tomaten und roten Paprikaschoten
huevos a la santanderina	gekochte Eier mit Erbsen und Spargel

huevos serranos	Spiegeleier auf gefüllten Tomaten, im Ofen mit Käse überbacken (Estremadura)
huevos a la sevillana	Spiegeleier auf Tomaten, Zwiebeln und Schinken
huevos de Sóller	siehe huevos al estilo de Sóller
huevos a la vasca	verlorene Eier mit Erbsen und Spargel
huevos al vaso	Eier im Glas
huevos a la Villeroi	harte Eier in dicker Bechamelsauce, paniert und gebraten

I

Idiazábal	berühmter baskischer Schafkäse mit leichtem Rauchgeschmack
incluído	inklusive, inbegriffen
ingredientes	Zutaten
insípido	fade
intxaursalsa (bask.)	Creme aus Milch und Walnüssen (Baskenland)
isard (kat.)	Gemse

J

jabalí	Wildschwein
jabalí asado	Wildschweinbraten
jabalí a la cazadora	Wildschweinragout mit Pilzen in Weinsauce
jabalí estofado	Wildschweinragout mit Zwiebeln, Kräutern und Gewürzen
jabato	Frischling (junges Wildschwein)
jabugo	siehe jamón de Jabugo
jalea	Gelee
jalea de grosella	Johannisbeergelee

jalea de membrillo	Quittengelee
jamón	Schinken
jamón de bellota	Schinken von Schweinen, die nur mit Eicheln gemästet werden
jamón cocido	gekochter Schinken
jamón (en) dulce	gekochter Schinken mit karamelisierter Oberfläche
jamón ibérico	Qualitätsschinken von der iberischen Schweinerasse (cerdo ibérico)
jamón de Jabugo	luftgetrockneter Qualitätsschinken aus dem gleichnamigen Ort (Provinz Huelva)
jamón al jerez	in Sherry eingelegter Schinken
jamón con melón	roher Schinken mit Melone
jamón de Montánchez	Qualitätsschinken aus dem gleichnamigen Ort in der Provinz Cáceres (Estremadura)
jamón del país	Schinken aus der Region
jamón de pata negra	Qualitätsschinken von der iberischen Schweinerasse
jamón de pato	Entenschinken
jamón de Salamanca	Qualitätsschinken aus der gleichnamigen Provinz
jamón serrano	luftgetrockneter Bergschinken, auch allgemein Bezeichnung für rohen Schinken
jamón de Teruel	luftgetrockneter Bergschinken aus der gleichnamigen Provinz
jamón de Trevélez	im Schnee der Sierra Nevada getrockneter Qualitätsschinken aus dem gleichnamigen Ort (Provinz Granada), dem höchstgelegenen Dorf Spaniens
jamón (de) York	gekochter Schinken
japuta	Bläuel (ein Mittelmeerfisch)
jarabe	Sirup

a la jardinera	Gärtnerinart, d. h. mit verschiedenen Gemüsen
jarrete	Haxe, Hachse
jarrete de cordero	Lammhaxe
jarrete de ternera	Kalbshaxe
jarrete de ternera a la jardinera	Kalbshaxe mit Gemüse
jarrete de ternera vinatero	Kalbshaxe mit Zwiebeln in Weinsauce
jenjibre	Ingwer
jibia	Tintenfisch
jibión	Tintenfisch (Kantabrien)
jibiones a la vascongada	Tintenfische mit Brot-Zwiebel-Füllung in Tintensauce
Jijona	siehe turrón de Jijona
judías	Bohnen
judías blancas	weiße Bohnen
judías blancas a la castellana	weiße Bohnen mit Tomaten, Zwiebeln und Knoblauch
judías blancas leridanas	weiße Bohnen mit Kartoffeln, Blutwurst und Kohl
judías blancas a la montañesa	weiße Bohnen mit Schinken, Speck, Zwiebeln, Paprikaschoten und Gewürzen (Kantabrien)
judías blancas (a lo) tío Lucas	geschmorte weiße Bohnen mit Speck und Gewürzen
judías encarnadas	rote Bohnen
judías encarnadas a la madrileña	rote Bohnen mit Speck, Würstchen, Zwiebeln und Knoblauch
judías pintas	gefleckte Bohnen
judías tiernas	grüne Bohnen
judías verdes	grüne Bohnen
judías verdes a la española	grüne Bohnen mit roten Paprikaschoten, Knoblauch und Petersilie
judías verdes a la francesa	grüne Bohnen mit Zwiebeln und Schinkenstückchen

judías verdes a la inglesa	in Butter geschwenkte grüne Bohnen mit Petersilie
judías verdes con jamón	grüne Bohnen mit Schinkenstückchen
judías verdes con tomate	grüne Bohnen mit Tomatensauce
judiones	besonders große weiße Bohnen
judiones de la Granja	dicke weiße Bohnen von besonderer Qualität aus dem gleichnamigen Ort in der Provinz Segovia
jugo	Saft, Fleisch- bzw. Bratensaft
en su jugo	im eigenen Saft
jugoso	saftig
julia	Meerjunker, Pfauenfisch (kantabrische Küste)
juliana, cortado en juliana	in feine Streifen geschnitten (Gemüse oder Fleisch)
juliana de verduras	in feine Streifen geschnittenes Gemüse
jurel	Stöcker, Bastardmakrele
jureles a la sidra	Stöcker, mit Milch und Apfelwein zubereitet

K

kabrarroka (bask.)	baskischer Name für Roter Drachenkopf (siehe cabracho)
karramarros (bask.)	kleine Meereskrebse
kikos	geröstete Maiskörner
kiwi	Kiwi
kokotxas (bask.)	Fischbäckchen (fleischiger Auswuchs im Kopf bestimmter Fische, insbesondere des Seehechts, als Delikatesse geschätzt)
kokotxas de bacalao	Kabeljaubäckchen
kokotxas a la donostiarra	Seehechtbäckchen mit Knoblauch, Petersilie und Erbsen

kokotxas de merluza	Seehechtbäckchen
kokotxas al pil-pil	in Öl und Knoblauch langsam gegarte Seehechtbäckchen
kokotxas en salsa verde	Seehechtbäckchen in grüner (Kräuter-)Sauce
a la koskera (bask.)	baskische Zubereitungsart von Fisch in der Tonschale, mit Erbsen, Spargel etc. und Sauce
koskera de merluza	siehe merluza a la koskera

L

lacón	Art gesalzene, luftgetrocknete Schweinshaxe (Galicien)
lacón con cachelos	»lacón« mit gekochten Kartoffeln
lacón con grelos	»lacón« mit jungen Rübenblättern, Kartoffeln und Paprikawurst (Galicien, León)
lagarto	Eidechse (wird in manchen Gegenden gegessen)
lagarto en salsa verde	Eidechse in grüner Sauce (Estremadura)
lamprea	Neunauge, Lamprete
lamprea a la asturiana	gebratenes Neunauge in Wein-Schokoladen-Sauce
lamprea a la bordelesa	Neunauge in Rotweinsauce
lamprea a la gallega	geschmortes Neunauge mit Knoblauch und Zwiebeln in Wein-Essig-Sauce
lamprea a la marinera	Neunauge mit Champignons in Zwiebel-Wein-Sauce
langosta	Languste
langosta a la americana	gekochte Langustenstücke in einer Sauce aus Tomaten, Zwiebeln, Knoblauch, Wein und Kognak
langosta con caracoles	Languste mit Schnecken (Katalonien)

langosta a la catalana	Languste mit Zwiebeln, Knoblauch, Mandeln, Schokolade, Kräutern und Gewürzen
langosta al chocolate	Languste mit Schokoladensauce
langosta al estilo de Ampurdán	in Wein gekochte Languste mit Haselnüssen und Pinienkernen
langosta al estilo de Bilbao	Langustenstücke in einer Sauce aus Zwiebeln, Knoblauch, Tomaten, Petersilie, Safran und Apfelwein
langosta al estilo de Ibiza	Languste mit gefüllten Tintenfischen und Kräuterbranntwein
langosta al estilo de Montserrat	in Wein geschmorte Langustenstücke mit harten Eiern
langosta a la gijonesa	in Wein gekochte Languste mit Zwiebel-Knoblauch-Tomaten-Weinbrand-Sauce
langosta gratinada	mit Bechamelsauce und Käse überbackene Languste
langosta a la ibicenca	siehe langosta al estilo de Ibiza
langosta levantina	mit Tomaten, Zwiebeln, Knoblauch, Pinienkernen und Sherry gedünstete Langustenstücke
langosta a la mallorquina	flambierte Languste mit pikanter Weinsauce
langosta al natural	im eigenen Saft gekochte Languste
langosta con pollo a la Costa Brava	Langusten- und Hähnchenstücke in einer Sauce aus Knoblauch, Tomaten, Petersilie und gerösteten Mandeln
langosta al romesco	Languste in pikanter Mandelsauce (Levante)
langosta a la vasca	Langustenstücke in Tomaten-Zwiebel-Wein-Sauce, im Ofen überbacken
langosta a la vizcaína	überbackenes Langustenfleisch
langostinos	eine Garnelenart, Riesenkrabben
langostinos a la española	mit Zwiebeln, Knoblauch und Petersilie gedünstete Garnelen

langostinos a la marinera	Garnelen in Weinsauce
langostinos al ron	mit Zwiebeln und Tomaten geschmorte und mit Rum flambierte Garnelen
langostinos con salsa tártara	Garnelen mit Kräutermayonnaise, kalt serviert
lapa	Napfschnecke
lasaña	Lasagne (große Nudelteigplatten mit Hackfleisch-Tomaten-Füllung)
lata	Konservendose
laurel	Lorbeer
lazos de San Guillermo	Blätterteiggebäck (León)
lebrada	Art Hasenpfeffer
lebrada de pregonaos	Hasenragout in Rotweinsauce mit Mandeln und Pinienkernen (Salamanca)
lebrato	Junghase
lecha	Fischmilch
lechal	Milchtier
lechaza	Fischmilch
lechazo	Milchlamm
lechazo asado	Milchlammbraten
leche	Milch (siehe Kapitel »Trinkvokabular«)
leche frita	dicke Puddingmasse, in Quadrate geschnitten und in heißem Öl ausgebacken
lechecillas	Brieschen
lechón, lechona	Spanferkel
lechón asado	Spanferkelbraten
lechón asado a la vasca	gebratenes Spanferkel mit Hackfleischfüllung
lechona rellena	gebratenes Spanferkel mit einer Füllung aus Innereien, Äpfeln und Pflaumen (Balearen)

lechuga	grüner Salat (in Spanien meist der sogenannte römische Salat mit langen festen Blättern)
lechuga francesa	Kopfsalat
lechuga iceberg	Eisbergsalat
lechuga larga	römischer Salat
lechuga romana	römischer Salat
legumbres	Hülsenfrüchte; im weiteren Sinne Gemüse allgemein
lengua	Zunge
lengua a la aragonesa	gekochte Zunge mit Tomaten-Schokoladen-Sauce
lengua empiñonada	Zunge mit Pinienkernen
lengua estofada a la tolosana	in Zwiebel-Wein-Sauce geschmorte Zunge
lengua en pepitoria	Zunge in Wein-Mandel-Sauce
lengua de ternera	Kalbszunge
lengua de ternera estofada	mit Zwiebeln oder Champignons in Wein geschmorte Kalbszunge
lengua de ternera a la hortelana	Kalbszunge in Tomaten-Zwiebel-Sauce mit Kartoffeln und Gemüse
lengua de vaca	Rinderzunge
lenguado	Seezunge
lenguado al Albariño	in Albariño-Wein gedünstete Seezunge (Galicien)
lenguado a l'all cremat	Seezunge mit scharf angebratenem Knoblauch (Katalonien)
lenguado a la almendra	Seezunge mit Mandeln
lenguado a la andaluza	mit roten Paprikaschoten und Petersilie gefüllte Seezungenröllchen, zu Reis und Tomatensauce
lenguado a la crema	Seezungeröllchen in Wein-Sahne-Sauce
lenguado frito a la gaditana	gebratene Seezunge mit Petersilie und Zitrone (Cádiz)

lenguado meunière, lenguado (a la) molinera	Seezunge, mit Mehl bestäubt, in Butter gebraten, mit Zitronenscheiben garniert
lenguado a la normanda	Seezunge mit Muscheln, Champignons und Wein im Ofen gegart
lenguado a la sal	in dicker Salzkruste gegarte Seezunge
lenguado a la sidra	Seezunge mit Muscheln, Garnelen und Apfelwein (Asturien)
lenguado a las uvas	Seezungenröllchen in heller Sauce mit Trauben
lenguado a la vasca	Seezunge mit Kartoffeln, Champignons und Tomatensauce
lenguas de gato	1. Löffelbiskuits; 2. Katzenzungen (Schokolade)
lentejas	Linsen
lentejas a la antigua	mit Speck gekochte Linsen
lentejas estofadas	Linsen mit Gemüse und Kartoffeln
lentejas onubenses	Linsen mit Blutwurst
lentejas zamoranas	Linsen mit Blutwurst, Zwiebeln und Knoblauch
levadura	Hefe
levadura en polvo	Backpulver
libre servicio	Selbstbedienung
liebre	Hase
liebre en cacerola	mit Zwiebeln, Kräutern und Essig geschmorter Hase
liebre a la cazadora	Hase in Rotweinsauce mit Tomaten und Zwiebeln
liebre al chocolate	Hase in Schokoladen-Knoblauch-Wein-Sauce (Navarra)
liebre estofada con judías	geschmorter Hase mit weißen Bohnen (Asturien)
liebre en su salsa	Hase in Rotwein mit Zwiebeln, Möhren und weißen Rüben (Kastilien)

liebre en salsa negra a la extremeña	Art Hasenpfeffer
liebre en salsa de vinto tinto	Hase in Rotweinsauce
ligado	legiert (Sauce, Suppe)
ligero	leicht
lima	Limette, Süßzitrone
limón	Zitrone
linaza	Leinsamen
lionesas	mit Creme gefüllte kleine Windbeutel
líquido	1. flüssig; 2. Flüssigkeit
lisa	dicklippige Meeräsche (ein Fisch)
lista de platos	Speisekarte
lista de precios	Preisliste
a la llauna (kat.)	Zubereitungsart, meist von Stockfisch, der zuerst angebraten und dann in einer flachen Schüssel (llauna) im Ofen gebacken wird
llenega (kat.)	Natternschneckling (ein Speisepilz)
lleno	voll
llobarro (kat.)	katalanisch für Wolfsbarsch (siehe lubina)
a la llosa (kat.)	auf einer heißen Schieferplatte gebraten (Fleisch etc.)
lluç (kat.)	katalanisch für Seehecht (siehe merluza)
lluerna (kat.)	katalanische Bezeichnung für Roter Knurrhahn (siehe bejel)
locha	Bartgrundel, Schmerle
lombarda	Rotkohl, Blaukraut
lombarda a la castellana	Rotkohl mit Öl, Knoblauch und Wein gedünstet
lombarda de San Isidro	Rotkohl mit Knoblauch und Pinienkernen (und evt. Rosinen) (Kastilien)

lombarda a la segoviana	Rotkohl mit Schinken und Knoblauch gedünstet
lomo	Lende (ohne Zusatz handelt es sich meist um Schweinelende)
lomo asado	Lendenbraten
lomo asado rojo	Lendenbraten, mit Öl, Knoblauch und Paprikapulver mariniert
lomo de cerdo	Schweinelende
lomo de cerdo a la andaluza	Schweinelende mit grünen Paprikaschoten
lomo de cerdo a la aragonesa	Schweinelende mit Tomaten, Schinken, schwarzen Oliven und Wein
lomo de cerdo a la asturiana	Schweinelende mit Äpfeln und Apfelwein
lomo de cerdo a la catalana	Schweinelende mit weißen Bohnen
lomo de cerdo al estilo del Alto Aragón	Art Auflauf aus Schweinelende, Kartoffeln und Wein
lomo de cerdo al estilo vasco	Schweinelende in Milch-Pfeffer-Sauce
lomo de cerdo a la mallorquina	panierte, gebratene Schweinelende mit Paprikawurst (sobrasada)
lomo de cerdo a la riojana	Schweinelende mit Tomaten und roten Paprikaschoten
lomo de cerdo a la sevillana	Schweinelende in Tomaten-Oliven-Sauce
lomo de cerdo a la zaragozana	Schweinelende in Tomaten-Zwiebel-Wein-Sauce mit Schinken, Oliven und harten Eiern
lomo de ciervo	Hirschrücken
lomo de corzo	Rehrücken
lomo embuchado	getrocknete, gebeizte Schweinelende im Darm (als Aufschnitt)
lomo en filetes a la kashera	gebratene Schweinelendenscheiben mit Erbsen und Tomatensauce (Baskenland)

lomo con guarnición	gebratene Schweinelendenscheiben mit Beilage
lomo de jabalí adobado	gebeizte Wildschweinlende (Navarra)
lomo de liebre	Hasenrücken
lomo de liebre en salsa a la navarra	gebeizter Hasenrücken mit Champignons in Weinsauce
lomo de merluza	Seehechtfilet (aus der Rückenseite)
lomo de merluza a la marinera	Seehechtfilet mit Garnelen und Venusmuscheln in Gemüsesauce
loncha	Scheibe (Wurst etc.)
longaniza	dünne Hartwurst
lubigante	in Galicien Bezeichnung für Hummer (bogavante)
lubina	Wolfsbarsch
lubina a la asturiana	Wolfsbarsch mit Meeresfrüchten in einer Sauce aus Tomaten, Zwiebeln und Apfelwein
lubina a la cantábrica	Wolfsbarschscheiben in Eiersauce
lubina al cava con setas	Wolfsbarsch mit Pilzen in Sekt
lubina a la Costa Brava	Wolfsbarsch mit Wein im Ofen gegart, mit Sauce Béarnaise
lubina estilo Santurce	Wolfsbarsch mit Öl und Knoblauch im Ofen gebraten
lubina a la gijonesa	Wolfsbarsch mit Venusmuscheln und Apfelwein
lubina a la marinera	Wolfsbarsch in Tomaten-Wein-Sauce
lubina a la pimienta verde	Wolfsbarsch in grüner Pfeffersauce
lubina a la piperrada	Wolfsbarsch mit grünen und roten Paprikaschoten, Zwiebeln und Tomaten
lubina a la sal	in dicker Salzkruste gegarter Wolfsbarsch
lucio	Hecht

lucioperca	Zander
lúpulo	Hopfen

M

macarrones	Makkaroni
macarrones a la boloñesa	Makkaroni mit Tomaten-Zwiebel-Fleisch-Sauce
macarrones a la catalana	Makkaroni mit Hackfleisch, Tomaten und Zwiebeln
macarrones a la española	Makkaroni mit Schinken, Tomaten, Zwiebeln
macarrones gratinados	Makkaroni mit Bechamelsauce und Käse gratiniert
macarrones a la italiana	Makkaroni mit Butter und Parmesankäse
macarrones a la jardinera	Makkaroni mit Gemüse, Tomatensauce und Käse überbacken
macarrones a la napolitana	Makkaroni mit Fleischsauce
macedonia de frutas	Obstsalat
macedonia de verduras	Mischgemüse
macerado	eingelegt, mariniert
macis	Muskatblüte
madroño	Baumerdbeere
maduro	reif
ma(g)dalena	Madeleine (kleines rundes Biskuitgebäck)
magra	Schinkenscheibe
magras con tomate	gebratene Schinkenscheiben in Tomatensauce (Aragonien)
magret de oca	Gänsebrust in Scheiben
magret de pato	Entenbrust in Scheiben
magro de cerdo	mageres Schweinefleisch
magro de cerdo con nueces	Schweinebraten mit Walnuß-Milch-Sauce (Baskenland)

Mahón	siehe queso de Mahón
mahonesa	Mayonnaise
maíz	Mais
Majorero	scharfer Ziegenkäse von der kanarischen Insel Fuerteventura
malta	Malz
malvís	Rotdrossel
mamiya	Art Dickmilch aus Schafmilch (Baskenland)
Manchego	Schafskäse aus der Mancha
mandarina	Mandarine
mango	Mango (eine tropische Frucht)
manitas de cerdo	Schweinsfüßchen
manitas de cordero	Lammfüßchen
manitas de cordero a la andaluza	marinierte, gebackene Lammfüßchen
manitas de cordero a la madrileña	gekochte Lammfüßchen mit Schinken in Gemüsesauce
manitas de cordero rebozadas	panierte, gebratene Lammfüßchen
manjar blanco	siehe menjar blanc
manos de cerdo	Schweinsfüßchen
manos de cerdo a la catalana	gekochte Schweinsfüßchen in Wein-Schokoladen-Sauce mit Haselnüssen und Gewürzen
manos de cerdo al horno	gekochte Schweinsfüßchen mit Eiermilch überbacken (Andalusien)
manos de cerdo a la parrilla	gegrillte Schweinsfüßchen
manos de ternera	Kalbsfüße
manos de ternera a la catalana	panierte, gebratene Kalbsfüße
manos de ternera a la granadina	mit Zwiebel, Pinienkernen und Kräutern gekochte Kalbsfüße, mit Zitronensauce serviert

manos de ternera a la vizcaína	Kalbsfüße in Tomatensauce
manteca	Schmalz
manteca de cerdo	Schweineschmalz
manteca de vaca	Butter
mantecadas de Astorga	feines Buttergebäck aus Astorga (León)
mantecado	Sahneeiscreme
mantecados	feines Schmalzgebäck
mantecados de almendra	feines Mandelgebäck
mantel	Tischtuch, Tischdecke
mantequilla	Butter
mantequilla de ajo	Knoblauchbutter
mantequilla de anchoas	Sardellenbutter
mantequilla de cangrejos	Krebsbutter
mantequilla de caviar	Kaviarbutter
mantequilla derretida	zerlassene Butter
mantequilla dulce	»süße Butter« aus Rinderfett und Zucker (Soria)
mantequilla negra	braune Butter
mantequilla salada	salzige Butter
manzana	Apfel
manzanas asadas	Bratäpfel
manzanas asadas asturianas	in Wein gedünstete Äpfel mit Baiserüberzug
manzanas asadas a la vizcaína	Bratäpfel in Rotwein
manzanas al horno	Bratäpfel
manzanas rellenas	gefüllte Äpfel
manzanas rellenas a la bilbaína	mit Creme gefüllte Bratäpfel
mar y cielo	»Meer und Himmel«, Gericht aus Kaninchenfleisch, Bratwürsten, Garnelen und Seeteufel (Costa Brava)

mar y montaña	»Meer und Gebirge«, Kombination von Meeresfrüchten und Fleisch, z. B. Hähnchen mit Krabben (Costa Brava)
mar y tierra	»Meer und Erde«, siehe mar y montaña
maracuyá	Passionsfrucht
maragota	gefleckter Lippfisch
marañuelas	feines Buttergebäck in Brezelform
margarina	Margarine
marinada	Marinade
marinado	mariniert
a la marinera	nach Seemannsart, d. h. mit Weißwein, Zwiebeln, Tomaten und Gewürzen zubereitet
mariscada	Gericht aus verschiedenen Meeresfrüchten
mariscos	Meeresfrüchte (Muscheln, Tintenfische und Krustentiere)
marmitako (bask.)	Eintopf aus frischem Thunfisch, Kartoffeln, Tomaten, Zwiebeln, Knoblauch und Gewürzen (Baskenland)
marquesa de chocolate	Schokoladen-Schaumcreme
marquesa de limón	halbgefrorene Zitronenschaumspeise
maruca	Leng (Fisch)
masa	Teig
mascota	Art Buttercremetorte (Baskenland)
mastuerzo	(Garten-)Kresse
matalahúva	Anis
materia grasa	Fettgehalt
mató (kat.)	katalanischer Frischkäse aus Ziegenmilch
mayonesa	Mayonnaise
mazapán	Marzipan

mazorca de maíz	Maiskolben
mechado	gespickt
medallón	Medaillon (kleines rundes Filetstück, Fleisch oder Fisch)
medallón de anguila a la parrilla	Aalmedaillon vom Grill
medallón de gamo	Hirschmedaillon
medallón de jabalí	Wildschweinmedaillon
medallón de rape a la pimienta verde	Seeteufelmedaillon mit grünem Pfeffer
medallón de solomillo de corzo a la finas hierbas	Rehmedaillons mit feinen Kräutern
medallón de ternera	Kalbsmedaillon
medallón de ternera a la asturiana	Kalbsmedaillon mit Apfelwein
media luna	Hörnchen
media ración	halbe Portion
medias noches	kleine ovale Brötchen aus Hefeteig
medio	halb
medio hecho	halb durchgebraten, medium (Steak)
mejillones	Miesmuscheln
mejillones a la asturiana	Miesmuscheln mit Petersilienbutter
mejillones en concha	Miesmuscheln mit der Schale gratiniert
mejillones estilo vasco	Miesmuschelfleisch in Tomaten-Wein-Sauce
mejillones guisados a la coruñesa	Miesmuscheln in Weinsauce
mejillones a la marinera	Miesmuscheln in Zwiebel-Knoblauch-Wein-Sauce
mejillones a la valenciana	Miesmuscheln mit Tomaten und Paprikaschoten
mejillones al vapor	gedämpfte Miesmuscheln
mejorana	Majoran

mel i mató (kat.)	Frischkäse mit Honig (Katalonien)
melga	galicische Bezeichnung für Dornhai (mielga)
melindres	Mandel-Anis-Gebäck
melisa	Melisse
melocotón	Pfirsich
melocotón en almíbar	(Dosen-)Pfirsich in Sirup
melocotón melba	Pfirsich Melba
melocotones al horno	Pfirsiche in Wein im Ofen gedünstet
melón	Melone
melón helado	geeiste Melone
melón con jamón serrano	Melone mit rohem Schinken
melón sorpresa	geeiste Melone mit Früchten und Sekt (oder Apfelwein)
melva	Fregattmakrele
membrillo	Quitte
mendrugo (de pan)	Brotbrocken
mendreska (de bonito) (bask.)	Bauchfleisch des Thunfischs
menestra	Gemüseeintopf oder Mischgemüse
menestra a la bilbaína	Gemüseeintopf mit Kartoffeln, Pilzen und Schinken
menestra de cordero a la pastora	Lammtopf mit Gemüse (Aragonien)
menestra de legumbres frescos	Gemüseeintopf
menestra a la rondeña	Gemüseeintopf mit Artischocken, Erbsen, dicken Bohnen und Wurst (Andalusien)
menestra de Tudela	Gemüseeintopf mit Erbsen, grünen Bohnen, Spargel, Artischocken, Schinken und Paprikawurst (Navarra)
menestra de verduras	gemischtes Gemüse
menestra de verduras a la riojana	gemischtes Gemüse der Rioja (Erbsen, Artischocken, Spargel etc.)

menjar blanc (kat.)	süße Milchsuppe mit gemahlenen Mandeln, Zimt und Zitrone (Katalonien)
menta	Minze
menta piperita	Pfefferminze
menú	Menü
menú de degustación	Probiermenü (mehrere kleine Gerichte)
menú del día	Tagesmenü
menú gastronómico	Menü für gehobenere Ansprüche
menú turístico	Touristenmenü (mit drei bis vier Gängen)
menudillos (de ave)	Geflügelinnereien
menudillos de cordero	Lamminnereien
menudo (a lo) gitano	Kutteln mit Schinken, Kichererbsen, Paprikawurst, Knoblauch und Zitrone (Andalusien)
menudos	Innereien
menudos de ave	Geflügelinnereien
menudos de ternera	Kutteln mit Schinken, Blutwurst, Paprikawurst, Kalbsfüßen in Tomaten-Zwiebel-Sauce
merengue	Baiser
merienda	kleiner Imbiß am Nachmittag, Vesper
merluza	Seehecht
merluza en allada	Seehechtfilets auf gekochten Kartoffelscheiben mit Knoblauch und Zwiebeln (Galicien)
merluza asada	im Ofen gebratener Seehecht
merluza a la asturiana	Seehecht mit Venusmuscheln in Apfelwein
merluza a la bearnesa	im Ofen in Wein gedünsteter Seehecht mit Sauce Béarnaise
merluza a la bilbaína	Seehechtscheiben mit Knoblauch, Petersilie, Erbsen und Spargel im Ofen gegart

merluza a la castellana	Seehecht mit Muscheln und Krabben in grüner Sauce
merluza a la catalana	gebratene Seehechtfilets und Kartoffelscheiben in Tomaten-Zwiebel-Knoblauch-Sauce
merluza al cava	in Sekt gegarte Seehechtfilets mit heller Sauce
merluza cocida	gekochter Seehecht
merluza frita	gebackener Seehecht
merluza frita estilo Bilbao	Seehechtfilets, in Mehl und Ei gewälzt und in heißem Öl ausgebacken
merluza frita al estilo de Cádiz (oder gaditano)	Seehechtstücke, in Mehl gewälzt und in schwimmendem Öl ausgebacken
merluza a la gallega	Seehechtfilets auf gekochten Kartoffelscheiben mit Knoblauch und Zwiebeln (Galizien)
merluza gratinada a la andaluza	Seehecht mit Öl, Knoblauch, Petersilie und Paniermehl gratiniert
merluza a la guipuzcoana	Seehecht mit Venusmuscheln und Spargel (Baskenland)
merluza al hinojo	Seehecht mit Fenchel im Ofen gegart (Galicien)
merluza a la jardinera	Seehecht mit verschiedenen Gemüsen
merluza (a la) koskera	Seehechtmedaillons in Weinsauce mit Spargel und Erbsen (Baskenland)
merluza a la marinera	Seehechtscheiben in Tomaten-Knoblauch-Wein-Sauce
merluza a la ondarresa	auf der Metallplatte gebratene Seehechtscheiben (Baskenland)
merluza a la ordiziana	Seehechtscheiben mit Garnelen und Muscheln in Apfelwein (Baskenland)
merluza de palangre	Angel-Seehecht

merluza a la panadera	Seehecht mit Kartoffeln und Zwiebeln
merluza al pil-pil	in Öl und Knoblauch langsam gegarter Seehecht, wobei der Topf ständig gerüttelt wird
merluza a la plancha	auf heißer Metallplatte gebratene Seehechtscheiben
merluza rellena a la barcelonesa	gefüllter Seehecht, mit Mandeln und Nüssen überbacken
merluza a la riojana	gebratener Seehecht mit Tomaten, Zwiebeln, Schinken und Paprikaschoten
merluza a la romana	Seehechtscheiben, in Mehl und Ei gewälzt und in heißem Öl ausgebacken
merluza en salsa amarilla	Seehecht in gelber (Safran-)Sauce
merluza en salsa roja	Seehechtscheiben mit Zwiebeln, Knoblauch, Paprikapulver und Wein
merluza en salsa verde	Seehechtscheiben in Knoblauch-Petersilien-Sauce
merluza a la sidra	Seehechtscheiben in Apfelweinsauce (Asturien)
merluza a la vasca	Seehechtscheiben in Knoblauch-Petersilien-Sauce
merluza a la vizcaína	Seehechtscheiben in Wein-Zwiebel-Knoblauch-Sauce
mermelada	Marmelade
mero	Zackenbarsch
mero al estilo de Cangas	Zackenbarsch mit Pilzen in Schokoladen-Sauce (Asturien)
mero a la levantina	gebratener Zackenbarsch mit Safran und Knoblauch
mero a la mediterránea	gebratene Zackenbarschstücke mit Kartoffeln in Tomaten-Zwiebel-Knoblauch-Sauce
mero en papillote	Zackenbarsch in Folie gegart

mero a la sal	in dicker Salzkruste gegarter Zackenbarsch
mero en salsa de algas marinas	Zackenbarsch in Meeresalgensauce
mero a la sidra	Zackenbarsch mit Apfelwein
mero a la valenciana	gekochter Zackenbarsch mit Knoblauch-Mandel-Sauce
mero a la vasca	Zackenbarsch in Zwiebel-Knoblauch-Sauce
mero a la vizcaína	gekochter Zackenbarsch mit Zwiebeln, Tomaten, Knoblauch, roten Paprikaschoten und Wein
mezclado	gemischt
michirones	dicke Bohnen (Murcia)
miel	Honig
miel de azahar	Orangenblütenhonig
miel de flores	Blütenhonig
miel sobre hojuelas	dünne Pfannkuchen mit Honig (La Mancha)
mielga	Dornhai
miga	Krümel, Brösel
miga de pan	Brotkrume
migaja	Brotkrümel
migas	in Öl geröstete Brotwürfel mit je nach Region verschiedenen Zutaten
migas a la aragonesa	mit Schinken, Speck und Tomaten geröstete Brotwürfel
migas canas	mit Milch getränkte gebratene Brotwürfel
migas con chocolate	mit Kakao getränkte gebratene Brotwürfel
migas extremeñas	mit durchwachsenem Speck, Knoblauch und Paprikaschoten geschmorte Brotstücke (Estremadura)

migas manchegas	geröstete Brotwürfel mit Schinken, Speckgrieben und Knoblauch
migas del pastor	mit Speck geröstete Brotwürfel
migas a la serrana	mit Knoblauch, Speck und Grieben gebratene Brotstücke (Andalusien)
migas con tropezones	Brotstücke mit Spiegeleiern, Paprikawurst und Blutwurst
migas con uvas	gebratene Brotstücke mit Trauben
mijo	Hirse
milhojas	Blätterteiggebäck
milhojas de crema	mit Creme gefülltes Blätterteiggebäck
minchas (galic.)	in Galicien Bezeichnung für Strandschnecken (bígaros)
minuta	Menü (weniger gebräuchlich als menú, s. d.)
mixto	siehe bikini
mízcalo	echter Reizker (Pilz)
moixernons (kat.)	Mehlpilze (getrocknet zum Würzen verwendet)
mojama	getrockneter Thunfisch
mojardones	siehe moixernons
mojarra	ein Mittelmeerfisch
moje manchego	dickliche Sauce aus Tomaten, Zwiebeln, Knoblauch, Paprikaschoten, Thunfisch, mit schwarzen Oliven kalt serviert
mojete	Gericht aus Stockfisch, Kartoffeln, Zwiebeln, Tomaten und Knoblauch (La Mancha)
mojicones	Art Biskuitgebäck
mojo	pikante Sauce auf der Basis von Öl, Essig und Knoblauch in verschiedenen Abwandlungen (Kanarische Inseln)
mojo de cerdo	Schweinefleisch, Herz und Speck in Wein gekocht (Kanarische Inseln)

mojo colorao	pikante Sauce mit Paprikapulver (Kanarische Inseln)
mojo picón	pikante Sauce mit kleinen scharfen Pfefferschoten (guindillas) (Kanarische Inseln)
mojo verde	pikante Sauce mit Koriander (Kanarische Inseln)
mojojones	Miesmuscheln (mejillones) im Baskenland
molido	gemahlen
a la molinera	Müllerin Art, d. h. mit Mehl bestäubt, in Butter gebraten, mit Zitronenscheiben garniert
mollejas	Bries
mollejas de cordero	Lammbries
mollejas a la pollensina	mit Zwiebeln, Möhren und Speck gekochtes Bries
mollejas en rebozo	paniertes, gebackenes Bries
mollejas de ternera	Kalbsbries
mollejas de ternera en empanada	mit Kalbsbries gefüllte Teigpastete (Galicien)
mollejas de ternera jardinera	Kalbsbries mit Mischgemüse
moluscos	Weichtiere, Mollusken
mona de Pascua	mit Eiern belegter Osterkuchen oder kunstvolles Gebilde aus Schokolade (Katalonien)
monda	Omelett mit Schinken und Fleisch (Andalusien)
mondongo gitano	Kutteln mit Kichererbsen und Paprikawurst (Andalusien)
mongetes (kat.)	Bohnen
mongetes amb botifarra (kat.)	weiße Bohnen mit Bratwurst (Katalonien)
montaditos	fein belegte Brötchenhälften (mit Salaten, Krabben, Thunfisch etc.)
mora	Brombeere

moraga de sardinas	am Spieß im Freien gebratene frische Sardinen
moraga de sardinas a la granadina	frische Sardinen mit Knoblauch, Petersilie und Wein in der Tonschale gedünstet
morcilla	Blutwurst
morcilla de arroz	Blutwurst, die Reis enthält
morcilla asturiana	Blutwurst, die Zwiebeln und Kürbis enthält
morcilla blanca	Weißwurst aus Wamme, Schweinskopf, Sherry und Trockenfrüchten (Jaén)
morcilla burgalesa, morcilla de Burgos	Blutwurst, die Zwiebeln und Reis enthält
morcilla de cebolla	Zwiebelblutwurst
morcilla dulce	süße Blutwurst mit Zimt, Anis, Reis und Zucker (La Rioja)
morcilla dulce canaria	Blutwurst, die Süßkartoffeln enthält (Kanarische Inseln)
morcilla de pan	mit Brot hergestellte Blutwurst
morcilla patatera	Blutwurst, die Kartoffeln enthält (Estremadura)
morcilla de pícaro	Blutwurst aus Zwiebeln und Schmalz mit Oregano (Murcia)
morcillo de ternera	Kalbsschulter
morcón	eine Wurstart mit regionalen Varianten
Morella	frischer Ziegenkäse aus dem Maestrazgo (Provinz Castellón)
morilles (kat.)	Morcheln
morros de buey	Ochsenmaul
morros en salsa a la bilbaína	gekochtes Kuh- oder Ochsenmaul mit Schinken in Speck-Zwiebel-Sauce
morros de ternera rebozados	in Mehl und Ei gewälztes und gebackenes Kalbsmaul
morros de vaca pastora	Kuh- oder Ochsenmaul mit Gemüse

morruncho	kleine Austernart
morteruelo	dicker Brei aus Schweineleber, Geflügelinnereien und Wild (Cuenca)
morteruelo manchego	Art Pastete aus Hase, Huhn, Leber, Schweinelende und Walnüssen (La Mancha)
mostachones	feines Gebäck aus Eiern, Mehl, Zimt und Zucker (Levante)
mostachones de Utrera	S-förmiges Spritzgebäck (Andalusien)
mostaza	Senf
mousse	Mousse, Schaumspeise
mousse de chocolate	Mousse au chocolat
mousse de fresas	Erdbeerschaumcreme
mousse de hígado de ave	Geflügelleber-Mousse
mousse de limón	Zitronenschaumcreme
mousse de manzana	Apfelschaumcreme
mousse de plátanos	Bananenschaumcreme
mousse de salmón	Lachsschaumcreme
muergo	Scheidenmuschel, Schwertmuschel
mújol	Meeräsche (Fisch)
múrgola (kat.)	Morchel
mus	manchmal für mousse (s. d.)
muselina	Sahnecreme, Sahnesauce
muselina de salmón	Lachscreme
muslo	Schenkel
muslo de gallina	Hühnerschenkel
muslo de pavo	Putenschenkel
muslo de pollo	Hähnchenschenkel

N

nabo	weiße Rübe
ñame	Jamswurzel
naranja	Orange, Apfelsine
naranja amarga	Bitterorange
naranja navel	Navelorange
naranja sanguina	Blutorange
naranjas acaramelizadas	Orangenscheiben in Karamelsauce
nata	Sahne
nata montada	Schlagsahne
natillas	Cremespeise aus Milch, Zucker und Eigelb
natillas borrachas	Cremespeise mit rumgetränkten Löffelbiskuits
natillas de chocolate	Schokoladencreme
natillas de vainilla	Vanillecreme
(al) natural	natur, im eigenen Saft
navaja	Messerscheide, Schwertmuschel
navarín de cordero	Lammragout mit weißen Rüben
navel	Navelorange
nécoras	Ruderkrabben
nectarina	Nektarine
neules (kat.)	Waffelröllchen (zu Weihnachten in Katalonien)
nicanores	feines Blätterteiggebäck (León)
nido de salmón	Lachs auf Kartoffelpüree
nidos de golondrina	Schwalbennester
nidos de patata	Kartoffelnester aus Strohkartoffeln mit beliebiger Füllung
niños envueltos	Fleischrouladen mit Schinken und Ei gefüllt (Andalusien)

níscalo	echter Reizker (Pilz)
níscalos con ajo y perejil	mit Knoblauch und Petersilie gebratene Reizker
níscalos a la segoviana	Reizker mit Knoblauch und Semmelbrösel überbacken
nísperos	Mispeln
niu (kat.)	Gericht aus Stockfisch, Wildgeflügel, Tintenfisch, Kartoffeln, Erbsen und harten Eiern, dazu Knoblauchmayonnaise (Katalonien)
nogada	Gericht aus Kartoffeln und Walnüssen (Levante)
ñoquis	Gnocchi, Klößchen
ñoquis de patata	Kartoffelklößchen
ñoras	kleine getrocknete Pfefferschoten als Gewürz (Levante)
nueces	Walnüsse
nueces garapiñadas	kandierte Walnüsse
nueces con nata y miel	Walnüsse mit Sahne und Honig
nuez	Walnuß
nuez del Brasil	Paranuß
nuez moscada	Muskatnuß
nuez verde	grüne Walnuß
nyores (kat.)	siehe ñoras

O

oblea	Oblate
oca	Gans
oca en adobo	gebeizte Gans
oca con peras	Gans mit Birnen (Katalonien)
oca rellena	gefüllte Gans
olivas	Oliven (siehe aceitunas)

olla	1. Kochtopf; 2. Eintopfgericht
olla aranesa	weiße Bohnen mit Huhn, Fleisch, Wurst, Speck, Reis, Nudeln, Gemüse und einem Hackfleischkloß; das Fleisch wird getrennt serviert (Valle de Arán)
olla de Castellón	weiße Bohnen, Rindfleisch und Speck
olla cordobesa	Kichererbsen, Kohl und Speck
olla gitana	Kichererbsen, grüne Bohnen, Kürbis und Kartoffeln (Murcia)
olla levantina	Kichererbsen, weiße Bohnen, Mangold, Sellerie, Kartoffeln, Fleisch, Wurst und Speck
olla podrida	Kichererbsen, Fleisch, Speck und Gemüse (Kastilien)
olla de trigo	siehe puchero de trigo
olleta alicantina	Eintopf aus weißen Bohnen, Schweinefleisch und Gemüse
ollomol (galic.)	Name für Seebrasse (besugo) in Galicien
orégano	Oregano, wilder Majoran
orejas	1. Ohren; 2. ein Blätterteiggebäck (León)
orejas de cerdo a la leonesa	Schweinsohren mit Zwiebeln und gerösteten Brotstücken
orejas y pie de cerdo a la segoviana	Schweinsohren und -füße mit Paprikawurst und Tomatensauce
orejones	getrocknete Aprikosenhälften oder Pfirsichschnitze
orejuelas	siehe orelletes
orellana (kat.)	Austernseitling (ein Speisepilz)
orelletes (kat.)	in Öl ausgebackene flache Anisküchlein
oricio	in Asturien Name für Seeigel (erizo de mar)
oronja	Kaiserling, Kaiserpilz

Oropesa	Schafkäse aus der Provinz Toledo
ortega	Birkhuhn
ortiga	Brennessel
osso-buco	Beinscheiben vom Kalb oder Ochsen, im eigenen Saft geschmort
ostiones	portugiesische Austern (größer und härter als die normalen)
ostras	Austern
ostras gigantes	siehe ostiones
ostras gratinadas al cava	gratinierte Austern mit Sekt
ostras rebozadas	panierte, überbackene Austern
ostras a la viguesa	Austern mit Champignons, im Ofen überbacken (Galicien)
ou de reig (kat.)	Kaiserling, Kaiserpilz
oveja	Schaf

P

pa de pessic (kat.)	Art lockerer Biskuitkuchen (Spezialität von Vic, Provinz Gerona)
pa amb tomàquet i pernil (kat.)	geröstete Weißbrotscheibe, mit Tomate eingerieben, mit Öl beträufelt und mit einer Scheibe Schinken belegt (katalanische Spezialität)
pacana	Pekannuß
paciencias	Eiergebäck mit Zucker und Zimt
paella	Reisgericht, in einer besonderen, flachen Pfanne zubereitet, mit den verschiedensten Zutaten und in zahlreichen Abwandlungen (Levante)
paella alicantina	Reispfanne mit Hähnchen oder Kaninchen, Muscheln und roten Paprikaschoten
paella de anguilas	Reispfanne mit Aal, Schnecken und grünen Bohnen (Levante)

paella campesina	Reispfanne mit Hähnchen, Schinken und Paprikawurst
paella castellana	Reispfanne mit Paprikawurst, Krebsen und Muscheln
paella catalana	Reispfanne mit Hähnchen, Schnecken, grünen Bohnen, Erbsen und Artischocken
paella marinera	Reispfanne mit Fischen und Meeresfrüchten
paella de mariscos	Reispfanne mit Meeresfrüchten
paella de la montaña	Reispfanne mit Kaninchen, Schnecken und Würstchen
paella Parellada	Reispfanne, bei der die Zutaten ohne Knochen, Gräten und Schalen serviert werden
paella valenciana	sie enthält nur Geflügelfleisch, Schnecken, grüne Bohnen und Erbsen, nicht aber – wie irrtümlich angenommen wird – Meeresfrüchte
paella de verduras	Reispfanne mit Gemüse
pagel	kleine Rotbrasse
del país	aus der Region
a la paisana	Zubereitungsart von Fleischgerichten mit feingeschnittenem Gemüse
pajel	siehe pagel
palaia (kat.)	Scholle
palangre	siehe merluza de palangre
paletilla	Schulterblatt
paletilla de cordero	Lammschulter
paletilla de lechazo	Milchlammschulter
palillo	Zahnstocher
palitos de chocolate	Schokoladenstäbchen
palmera	Schweinsohr (Gebäck)
Palmero	scharfer Käse aus Schaf- und Ziegenmilch von der kanarischen Insel La Palma

palmiche	Palmkohl
palmitos	Palmherzen
paloma	Taube
paloma brava	Wildtaube
paloma en escabeche	marinierte Taube
paloma torcaz	Ringeltaube
paloma zurita (oder zorita)	Hohltaube
palomas zuritas a la bilbaína	gebratene Hohltauben mit einer Sauce aus pürierten Artischocken, Leber und Branntwein
palometa (negra)	anderer Name für japuta (Bläuel)
palomino	junge Wildtaube
palomitas (de maíz)	Puffmais
palosanto	Kaki(frucht)
pan	Brot
pan chapata	ein längliches Fladenbrot
pan de Alá	Gebäckspezialität von Murcia
pan de almendras	Mandelbrot
pan ázimo	ungesäuertes Brot
pan de azúcar	1. Zuckerbrot; 2. Zuckerhut
pan de centeno	Roggenbrot, Graubrot
pan dormido	süßes Brot, eine Spezialität der Provinz Teruel
pan de especias	Art Lebkuchen, Gewürzbrot
pan de higo	Feigenbrot
pan integral	Vollkornbrot
pan de leña	Holzofenbrot
pan de maíz	Maisbrot
pan con mantequilla	Brot mit Butter
pan de molde	Kastenbrot
pan moreno	Schwarzbrot, dunkles Brot
pan negro	Schwarzbrot

pan de payés	Bauernbrot
pan quemado	mit Zucker bestreute Hefebrötchen
pan rallado	Paniermehl, Semmelbrösel
pan con tomate (y jamón)	geröstete Weißbrotscheibe, mit Tomate eingerieben und mit Öl beträufelt, evt. mit einer Scheibe Schinken belegt (Katalonien)
pan tostado	Toast, Toastbrot
pan de Viena	Milchbrot
panaché de fiambres	Aufschnittplatte
panaché de pescados	verschiedene Fische
panaché de verduras	gemischte Gemüseplatte
panadones (kat.)	mit Spinat, Rosinen und Pinienkernen gefüllte Pasteten
panceta	Bauchspeck vom Schwein
panecillo	Brötchen, Semmel
panecillos de San Jorge	überbackene Brötchen mit einer Füllung aus Spinat, Seehecht, harten Eiern und Tomaten (Katalonien)
panellets (kat.)	Art Marzipanküchlein mit Pinienkernen (in Katalonien zu Allerheiligen)
papada	Wamme
papandúas	in Öl ausgebackene Stockfischküchlein, typisches Karwochengericht der Provinz Málaga
papas arrugadas	Kartoffeln, in Meerwasser oder mit viel Salz so lange gekocht, bis die Schale runzelig wird (Kanarische Inseln)
papaya	Papaya (eine tropische Frucht)
papilla	Brei
en papillote	in der Folie oder in Wachspapier gebraten
papillote de pescado	in Folie gegarter Fisch

paraguaya	Frucht mit dem Aussehen eines plattgedrückten Pfirsichs
parfait	feine Eiscreme
pargo	Sackbrasse, gemeine Rotbrasse (Fisch)
pargo encebollado	Sackbrasse in Zwiebelsauce
parmesano	Parmesankäse
parrilla	Grill, Rost
a la parrilla	gegrillt, vom Rost
a la parrilla de carbón	vom Holzkohlengrill
parrillada	Grillgericht, Grillplatte
parrillada de carne	gegrilltes Fleisch
parrillada de caza	gegrilltes Wild
parrillada de mariscos	gegrillte Meeresfrüchte
parrillada de pescado	gegrillter Fisch
parrillada de verduras	gegrilltes Gemüse
pasado	1. übergar; 2. verdorben
pasas	Rosinen
pasas de Corinto	Korinthen
pasas sultanas	Sultaninen
Pasiego	milder kantabrischer Kuhmilchkäse, auch als Frischkäse
pasiegos	eine Art Biskuits
pasta	1. Gebäckstück; 2. Teig
pasta de freír, pasta de fritura	Ausbackteig
pasta lionesa	Brandteig
pasta quebrada	Mürbeteig
pasta seca	trockenes Gebäckstück
pasta de sopa	Suppennudeln
pastas	1. Nudeln, Teigwaren; 2. Gebäck
pastas alimenticias	Nudeln, Teigwaren
pastas frescas	frische Teigwaren

pastas italianas	italienische Teigwaren
pastas de té	Teegebäck
pastel	1. Kuchen; 2. Pastete
pastel de bacalao	Stockfischpastete
pastel de cabrarroca	Fischpastete (Baskenland)
pastel de carne	Blätterteigpastete mit Fleischfüllung (Murcia)
pastel de chocolate	Schokoladenkuchen
pastel de cordero al estilo de la Alcarria	Kohlrouladen mit Lammfleischfüllung in Weinsauce
pastel cordobés	Kürbispastete (Andalusien)
pastel de frutas	Obstkuchen
pastel de higos	Feigenkuchen
pastel de hojaldre	Blätterteigkuchen bzw. -pastete
pastel de limón	Zitronenkuchen
pastel de manzana	Apfelkuchen
pastel de molde	Kastenkuchen
pastel de Murcia, pastel murciano	Teigpastete mit einer Füllung aus Hackfleisch, Paprikawurst, Schinken, Lammhirn, Tomaten und Paprikaschoten
pastel de pescado	Fischpastete
pastel de pichones	Taubenpastete
pastel de puerros	Lauchpastete
pastel de salmón	Lachspastete
pastel vasco	Art Cremetorte
pastel de verduras	Gemüsepastete
pastelería	1. Konditorwaren; 2. Konditorei
pastelillos	kleine Kuchen, Pastetchen
pastelitos	kleine Kuchen, Pastetchen
pastissets (kat.)	mit Kürbiskonfitüre gefüllte Teigtaschen (Katalonien)

pastorejos con huevos fritos	Schweinebacken mit Spiegeleiern (Estremadura)
pata	Fuß, Keule
pata de cerdo	Schweinsfuß
pata de cabrito	Zickleinfuß
pata de mulo	siehe queso de Villalón
pata de ternera	Kalbsfuß
patacó, patacu	Eintopf aus frischem Thunfisch, Kohl, weißen Bohnen, Zucchini und Schweinerippchen (Tarragona)
patatas	Kartoffeln
patatas al ajo arriero	Kartoffeln mit Stockfisch, Zwiebeln und Knoblauch
patatas a la andaluza	gekochte Kartoffeln mit Mandel-Knoblauch-Petersilien-Sauce
patatas bravas	Kartoffeln mit scharfer Mayonnaisensauce
patatas catalanas	mit Zwiebeln, Knoblauch, Lorbeer, Paprika langsam gegarte Kartoffelscheiben
patatas (a la) duquesa	in der Pfanne gebratene Kartoffelküchlein
patatas a la flamenca	Pellkartoffeln mit Öl, Essig und Senf angemacht
patatas fritas	Pommes frites
patatas fritas (a la inglesa)	Kartoffelchips
patatas gratinadas	Kartoffelgratin
patatas a la griega	feine Kartoffelscheiben, mit Tomaten und Gewürzen im Ofen gegart
patatas a la guipuzcoana	Kartoffeln mit Porree
patatas hervidas	Salzkartoffeln
patatas hervidas con su piel	Pellkartoffeln
patatas a las hierbas	mit Kräutern im Ofen gebratene Kartoffeln

patatas y judías a la extremeña	Eintopf aus Kartoffeln, grünen Bohnen, Tomaten, grünen Paprikaschoten und Knoblauch
patatas a la maître d'hôtel	gekochte Kartoffeln mit Petersilie und Butter
patatas a la malagueña	Gericht aus Kartoffeln, Zwiebeln, Sellerie, Tomaten, Knoblauch und Oliven, mit gehackten harten Eiern bestreut
patatas nuevas	neue Kartoffeln
patatas paja	Strohkartoffeln (ganz dünne Pommes frites)
patatas a lo pobre	Art Kartoffelpüree mit Knoblauch und Petersilie
patatas a la provenzal	Kartoffelscheiben mit Zwiebeln und Tomaten überbacken
patatas rebozadas	in Mehl und Ei gewälzte und anschließend in Öl ausgebackene, gekochte Kartoffeln
patatas rellenas	gefüllte Kartoffeln
patatas a la riojana	Kartoffeln mit Tomaten, Zwiebeln, roten Paprikaschoten und Paprikawurst langsam gegart
patatas salteadas	Bratkartoffeln
patatas soufflées	dicke ausgebackene Kartoffelscheiben
patatas al vapor	Dampfkartoffeln
patatas a la vasca	mit Hackfleisch gefüllte Kartoffeln in Bechamelsauce
paté	Pastete
paté de becada trufada	getrüffelte Schnepfenpastete
paté de campaña	Landleberpastete
paté de faisán	Fasanenpastete
paté de hígado	Leberpastete
paté de hígado de cerdo	Schweineleberpastete
paté de hígado de oca	Gänseleberpastete

paté de perdiz	Rebhuhnpastete
Patela	siehe Ulloa
pato	Ente
pato asado	Entenbraten
pato bearnés	Ente mit Kräutern in Weinsauce
pato al estilo de Ribadeo	Ente mit weißen Rüben, Kastanien, Orangen und Weißwein (Galicien)
pato con judías a la catalana	Ente mit Bohnen, Tomaten und Pinienkernen in Weinsauce
pato mudo	Moschusente
pato con nabos	Ente mit weißen Rüben
pato a la naranja	Ente in Orangensauce
pato con peras al agridulce	Ente mit Birnen in süßsaurer Sauce
pato salvaje	Wildente
pato a la sevillana	Ente mit Zwiebeln, Tomaten, Orangen, roten Paprikaschoten, Oliven, Knoblauch und Sherry
pato silvestre	Wildente
pato silvestre en salmis	Wildentenragout
pato a la tolosana	in Wein gekochte Ente mit Zwiebelsauce (Baskenland)
pato a las uvas	Ente mit Weintrauben
pava	Truthenne, Pute (siehe pavo)
pavías	1. siehe soldaditos de Pavía; 2. Paviapfirsiche
pavipollo	junger Puter
pavo	Truthahn, Puter
pavo asado	Truthahnbraten
pavo asado con manzanas	gebratener Truthahn mit Äpfeln
pavo con ciruelas	Truthahn mit Pflaumen
pavo a la ostoriana	gefüllter und gespickter Truthahn (Kanarische Inseln)
pavo en pepitoria	Truthahnstücke in Mandel-Wein-Sauce

pavo relleno	gefüllter Truthahn
pavo relleno con castañas	Truthahn mit Kastanienfüllung
pavo relleno a la catalana	mit Bratwurst, Backpflaumen, Rosinen und Pinienkernen gefüllter Truthahn
pecho de cerdo a la paisana	gefüllte Schweinebrust, kalt serviert
pecho de ternera con guisantes	Kalbsbrust mit Erbsen
pechuga	Brustfleisch, Bruststück (vom Geflügel)
pechuga de pato ahumado	geräucherte Entenbrust
pechuga de pavo	Truthahnbrust
pechuga de pollo	Hähnchenbrust
pechuga de pollo a la aragonesa	gefüllte Hühnerbrust auf Gemüse
Pedroches	pikanter Schafskäse aus der Provinz Córdoba
peix (kat.)	Fisch
peix a l'olla (kat.)	Fischtopf
peixopalo (kat.)	sonnengetrockneter, ungesalzener Stockfisch (Katalonien)
peixopalo a la marinera	Stockfisch mit Kartoffeln und Sauce (Katalonien)
pejerrey	Ährenfisch
peladillas	Zuckermandeln
pelado	geschält, gepellt
pellizco	Prise
pelotas	Fleischbällchen in Brühe (Alicante)
pencas de acelgas albardadas	panierte, gebratene Mangoldstiele
pepinillos en vinagre	Essiggurken
pepinillos en vinagre y especias	Gewürzgurken
pepino	Gurke
pepita	(Obst-)Kern

pepito	gefülltes Brötchen
pepito de filete	mit Schnitzel gefülltes Brötchen
pepito de gamba	mit Krabben gefülltes Brötchen
pepito de lomo	mit Schweinelende gefülltes Brötchen
pepitoria	Sauce aus Zwiebeln, Knoblauch, Mandeln und Wein, mit Eigelb legiert
pepitoria de gallina	siehe gallina en pepitoria
pequeño	klein
pera	Birne
pera Bella Elena	Birne Helene (Birnenhälften auf Vanilleeis mit heißer Schokoladen-sauce)
peras al horno	im Ofen gebratene Birnen
peras al oporto	Birnen mit Portwein
peras al vino	in Rotwein gekochte Birnen
perca	Barsch
percebes	Entenmuscheln
perdices	Rebhühner
perdices al modo de Alcántara	marinierte Rebhühner, mit Trüffeln gefüllt in Portweinsauce
perdices a la andaluza	mit Speck und Anchovis gefüllte Rebhühner in Tomaten-Wein-Sauce
perdices a la asturiana	in Apfelwein geschmorte Rebhühner mit Gemüse und Zwiebeln
perdices a la campesina	Rebhühner mit Zwiebeln und Champignons
perdices de capellán	mit Schinken oder Speck und Paprikawurst gefüllte Kalbfleischröllchen, in Weinsauce geschmort (Mallorca)
perdices a la cartuja	gefüllte Rebhühner in Weinsauce (Estremadura)

perdices a la catalana	mit Kräutern und Zitrone geschmorte Rebhühner
perdices a la cazadora	mit Schinkenscheiben umwickelte, gebratene Rebhühner
perdices con chocolate	Rebhühner mit Wein-Zwiebel-Schokoladen-Sauce (Navarra)
perdices con col	mit Kohlblättern umwickelte, geschmorte Rebhühner
perdices escabechadas, perdices en escabeche	kalte marinierte Rebhühner
perdices estofadas	in würziger Weinsauce geschmorte Rebhühner
perdices a la gaditana	mit Innereien und Anchovis gefüllte Rebhühner in Tomaten-Wein-Sauce
perdices a la grañesa	mit Sardinen gefüllte Rebhühner (Galicien)
perdices de la huerta	Kopfsalat, in vier Teile geschnitten, mit Öl, Zitrone und Pfeffer angemacht (Murcia)
perdices a la manchega	Rebhühner mit Schinken in Kräutersauce
perdices a la montañesa	marinierte gebratene Rebhühner
perdices a la navarra	gebratene Rebhühner in Wein-Schokoladen-Sauce
perdices a la toledana	mit Zwiebeln, Knoblauch, Essig und Wein in der Tonschale geschmorte Rebhühner
perdices a la torera	mit Schinken und Anchovis gefüllte Rebhühner
perdigón	junges Rebhuhn
perdiz	Rebhuhn (siehe perdices)
perejil	Petersilie
pericana	Stockfischpüree mit getrockneten Paprikaschoten, Knoblauch und Öl (Alicante)
perifollo	Kerbel

perlón	in Andalusien Bezeichnung für Roter Knurrhahn (Fisch)
pernil (kat.)	Schinken
perol	1. Gericht aus Lammfleisch, Tomaten und Kartoffeln, im Ofen gegart (Menorca); 2. Kasserolle
perrechico (bask.)	Speisepilz, sehr beliebt in der baskischen Küche
perrito caliente	heißes Würstchen, Hot Dog
perrunas	typisches andalusisches Weihnachtsgebäck
perrunillas	mit Zimt gewürztes Gebäck aus Schweineschmalz (Estremadura)
pérsico	eine Pfirsichart
pescada	regional für Seehecht (siehe merluza)
pescadilla	junger Seehecht
pescadilla a la catalana	in Öl gebratener Seehecht mit »samfaina« (s. d.)
pescaditos oder pescaítos fritos	kleine gebackene Fische (Andalusien)
pescado	Fisch
pescado de agua dulce	Süßwasserfisch
pescado azul	Bezeichnung für Speisefische mit mehr als 5 mg Fett pro Gramm Fleisch (z. B. Thunfisch, Sardine, Forelle etc.)
pescado blanco	Bezeichnung für Speisefische mit weniger als 5 mg Fett pro Gramm Fleisch (fast alle weißfleischigen Fische)
pescado congelado	tiefgefrorener Fisch
pescado en escabeche	marinierter Fisch
pescado fresco	frischer Fisch
pescado en gelatina	Fisch in Aspik
pescado frito	gebackener Fisch

pescado frito a la malagueña	verschiedene Fische in Öl gebacken
pescado hervido	gekochter Fisch
pescado de mar	Seefisch, Meeresfisch
pescado a la marinera	mit Zwiebel, Wein und Kräutern und evt. Muscheln zubereiteter Fisch
pescado de río	Flußfisch
pestiños	längliches Gebäck, in Öl ausgebacken und mit Honig getränkt (Andalusien)
a petición	auf Verlangen, auf Wunsch
Petit Suisse	kleiner runder Frischkäse
pez espada	Schwertfisch
pez espada ahumado	geräucherter Schwertfisch
pez espada en amarillo	Schwertfisch in Safransauce
pez de San Pedro	Petersfisch, Heringskönig
picada	Knoblauch, Petersilie, geröstete Mandeln oder Pinienkerne, im Mörser zerstoßen, als Saucengrundlage (Katalonien)
picadillo	Haschee
picadillo de cerdo	Schweinshaschee
picado	gehackt, kleingeschnitten
picante	scharf, pikant
picantón	junges Brathähnchen
picardías	Haselnüsse in Karamel (Murcia)
picatostes	geröstete Brotstückchen oder -würfel
pichón	junge Taube
pichones a la andaluza	mit Anchovis gespickte Täubchen in Wein-Zwiebel-Sauce
pichones en escabeche a la marinera	in Essigbeize langsam gegarte Täubchen
pichones a la española	Täubchen in Tomaten-Zwiebel-Sauce

pichones esparrillados	panierte, gebratene Täubchen
pichones al estilo de El Pardo	Täubchen in Weinsauce
pichones estofados	geschmorte Täubchen
pichones al jerez	Täubchen in Sherry (Andalusien)
pichones a la montañesa	in Sherry gedünstete Täubchen, anschließend paniert und gebraten
pichones rellenos	gefüllte Täubchen
Picón	würziger andalusischer Ziegenkäse
picos	kleine Brotstangen, die man zu den »tapas« (s. d.) ißt (Andalusien)
picotas	Herzkirschen (ohne Stiel)
piel	Haut, Schale (von Obst)
pierna	Keule, Haxe
pierna de cabrito	Zickleinkeule
pierna de carnero	Hammelkeule
pierna de carnero a la asturiana	mit Speck geschmorte Hammelkeule
pierna de carnero a la cordobesa	geschmorte Hammelkeule mit Wein-Tomaten-Sauce
pierna de carnero a la manchega	gespickte Hammelkeule in Zwiebel-Rotwein-Sauce
pierna de cerdo	Schweinshaxe
pierna de cordero	Lammkeule
pierna de cordero a las hierbas	Lammkeule mit Kräutern
pierna de cordero al horno	im Ofen gebratene Lammkeule
pierna de cordero a la leonesa	Lammkeule mit Zwiebeln und Bohnen
pierna de corzo	Rehschlegel
pierna de ternera	Kalbshaxe, Kalbskeule
pierna de venado	Hirschkeule
pie	Fuß
pies de cerdo	Schweinsfüße

pies de cerdo a la catalana	Schweinsfüße in Weinsauce mit Auberginen
pies de cordero con nabos	Lammfüße mit weißen Rüben
pieza	Stück
pijama	Nachspeise aus Pudding, Eis, Früchten und Sahne
pijotas	kleine gebratene Fische (Andalusien)
pilota (kat.)	dicker Fleischkloß in dem katalanischen Eintopf »escudella i carn d'olla« (s. d.)
pilotes a la menorquina (kat.)	Fleischbällchen mit Pinienkernen in Tomatensauce (Menorca)
al pil-pil	langsames Garen von Fisch in Öl und Knoblauch, wobei der Topf ständig gerüttelt wird (Baskenland)
pimentón	Paprikapulver
pimentón dulce	süßer Paprika
pimentón picante	scharfer Paprika
pimienta	Pfeffer
pimienta blanca	weißer Pfeffer
pimienta de Cayena	Cayennepfeffer
pimienta de Jamaica	Jamaikapfeffer
pimienta negra	schwarzer Pfeffer
pimienta verde	grüner Pfeffer
pimientos	Paprikaschoten
pimientos a la americana	mit Reis und Schweinehack gefüllte rote Paprikaschoten
pimientos choriceros	siehe ñoras
pimientos encarnados	rote Paprikaschoten
pimientos en escabeche a la murciana	mit Thunfisch gefüllte Paprikaschoten
pimientos estofados	geschmortes Paprikagemüse
pimientos fritos	in Öl gebratene Paprikaschoten

pimientos morrones	große rote Paprikaschoten
pimientos de Padrón	kleine, scharfe grüne Paprikaschoten
pimientos del piquillo, pimientos del pico	kleine, leicht scharfe rote Paprikaschoten
pimientos rellenos	gefüllte Paprikaschoten
pimientos rellenos de arroz a la valenciana	mit Reis, Schinken und Hühnerklein gefüllte Paprikaschoten
pimientos rellenos a la bilbaína	mit Hackfleisch gefüllte rote Paprikaschoten in Wein-Gemüse-Sauce
pimientos rellenos guipuzcoanos	mit Fleisch gefüllte Paprikaschoten in Sherrysauce
pimientos rellenos de manos de cerdo	mit Schweinsfüßchen gefüllte Paprikaschoten
pimientos rellenos a la riojana	mit Schweinehack und Brot gefüllte rote Paprikaschoten
pimientos rojos	rote Paprikaschoten
pimientos verdes	grüne Paprikaschoten
piña	Ananas
piña en almíbar	Ananas in Sirup (aus der Dose)
piña belén	Ananas mit Kokoseis (Kanarische Inseln)
piña con jamón	Ananas mit rohem Schinken
piña al kirsch	Ananas mit Kirschwasser
piña natural	frische Ananas
piña al whisky	Ananas mit Whisky
pinchitos	Spießchen
pinchos	kleine Spießchen oder Häppchen
pinchos morunos	Fleischspießchen, Art Schaschlik
píngano	Art Fladenbrot mit Öl und Walnüssen (Aragonien)
piñonates	Gebäck aus Pinienkernen, Mandeln und Honig (Andalusien)
piñones	Pinienkerne

pintada	Perlhuhn
pintada al vinagre de jerez	Perlhuhn mit Sherryessig
piononos	mit Creme gefüllte Biskuitröllchen (Andalusien)
piparrada	siehe piperada
pipas (de girasol)	geröstete Sonnenblumenkerne
piperada, piperrada	Paprika-Tomaten-Gemüse mit Rührei (Baskenland)
pipirrana	Art Salat aus kleingehackten Tomaten, grünen Paprikaschoten, Gurken und Zwiebeln (als Beilage zu kaltem Fisch oder Fleisch)
piscolabis	kleiner Imbiß, Happen
pistachos	Pistazien
pistilos de azafrán	Safranfäden
pisto	geschmorte Tomaten, Paprikaschoten und Zucchini
pisto albacetense	geschmorte Tomaten, Paprikaschoten und Gurken
pisto a la bilbaína	geschmorte Tomaten, Zucchini, Zwiebeln und evt. Paprikaschoten mit Rührei
pisto castellano	Rühreier mit Zucchini, roten Paprikaschoten, Zwiebeln, Tomaten, Kartoffeln und Schinken
pisto manchego	geschmorte Tomaten, rote und grüne Paprikaschoten, Zucchini und Ei
pisto de peces a la extremeña	Eintopf aus Flußfischen, Tomaten und Paprikaschoten (Estremadura)
pisto riojano	Schweinelende mit Tomatensauce, roten Paprikaschoten und Würstchen
pixin	Seeteufel (rape) in Asturien
a la plancha	auf einer heißen Metallplatte gebraten
plátano	Banane

plátanos flameados	flambierte Bananen
plátanos fritos	gebratene Bananen mit Zitronensaft und Kognak
plátanos al ron	gebratene Bananen mit Rum
platija	Flunder
platillo	Untertasse
plato	1. Teller; 2. Gericht; 3. Gang (einer Mahlzeit)
plato caliente	warmes Gericht
plato de carne	Fleischgericht
plato de caza	Wildgericht
plato combinado	gemischter Teller (meist Fleisch, Fisch oder Eier mit Beilagen)
plato del día	Tagesgericht
plato de embutidos	Wurstplatte
plato frío	kaltes Gericht
plato hondo	tiefer Teller
plato llano	flacher Teller
plato de pescado	Fischgericht
plato precocinado	Fertiggericht
plato preparado	Fertiggericht
plato principal	Hauptgericht
plato rápido	Schnellgericht
plato recomendado	empfohlenes Gericht
plato de régimen	Diätgericht
plato sopero	Suppenteller
plato típico	typisches Gericht
pochas	junge Bohnenkerne
pochas con codornices	junge Bohnenkerne mit Wachteln (Navarra)
pochas a la navarra	junge Bohnenkerne mit Paprikawurst
pochas riojanas	junge Bohnenkerne mit Paprikawurst

poché, pochado	pochiert
poco	wenig
poco hecho	wenig durchgebraten, rosa (Fleisch)
pollastre (kat.)	Hähnchen
pollastre a l'ast (kat.)	Brathähnchen vom Spieß
pollito	junges Hähnchen
pollito a la andaluza	Hähnchenstücke mit Tomatensauce
pollito tomatero	junges Hähnchen
pollo	Hähnchen
pollo al ajillo	in Öl und Knoblauch gebratene Hähnchenstücke
pollo a la andaluza	gebratene Hähnchenstücke mit Mandeln und Sherry
pollo asado	Brathähnchen
pollo batzoki	in würziger Weinsauce geschmorte Hähnchenstücke (Baskenland)
pollo a la campesina	Hähnchen mit Tomaten und Paprikaschoten in Weißwein geschmort
pollo campurriano	Hähnchen mit Reis und Paprikaschoten (Santander)
pollo a la catalana	Hähnchenstücke in Tomaten-Zwiebel-Sauce mit Sherry
pollo a la chilindrón	Hähnchen in Tomaten-Zwiebel-Paprika-Sauce
pollo en cocotte	mit Gemüse geschmortes Hähnchen
pollo al curry	Curry-Hähnchen
pollo estofado	geschmortes Hähnchen
pollo al estragón	Hähnchen mit Estragon
pollo a la gallega	gebratenes Hähnchen mit Knoblauch, Petersilie und Zitrone
pollo con gambas	Hähnchen mit Garnelen (Katalonien)
pollo jerezano	Hähnchen in Sherrysauce
pollo con langosta	Hähnchen mit Languste (Katalonien)

pollo a la manchega	mit Oliven, Kohl und weißen Rüben geschmortes Hähnchen
pollo a la montañesa	mit Zwiebeln und Tomaten geschmortes Hähnchen
pollo a lo Padre Pedro	Hähnchen in Tomaten-Zwiebel-Paprika-Sauce (Estremadura)
pollo al pastor	mit Pilzen, Schinken und Geflügelklein gefülltes Hähnchen mit Kartoffeln
pollo en pepitoria	Hühnerfrikassee in Wein-Zwiebel-Mandel-Sauce
pollo relleno	gefülltes Hähnchen
pollo a la riojana	Hähnchen mit Paprikaschoten, Spargel und Paprikawurst
pollo en samfaina	Hähnchen mit geschmortem Mischgemüse (Katalonien)
pollo a la vasca	Hähnchen mit roten Paprikaschoten in Wein-Tomaten-Sauce
pollo al vino	Hähnchen in Weinsauce
pollo a la vizcaína	Hähnchen mit grünen Paprikaschoten und Tomaten
polvorones	feines Staubgebäck, vor allem aus Estepa (Provinz Sevilla)
polvorones de almendra	feines Staubgebäck mit Mandeln
pomelo	Grapefruit
popietas	Rouladen, Röllchen
popietas de ternera	Kalbsrouladen
por encargo	auf Bestellung
por persona	pro Person
por pieza	pro Stück
porcella rostida (kat.)	gebratenes Spanferkel (Balearen)
porción	Portion, Ration
porra antequera	längliches Ölgebäck (Provinz Málaga)
porrusalda	siehe purrusalda

postre	Nachtisch, Dessert, Nachspeise
postre de músico	Studentenfutter (Mandeln, Nüsse, Rosinen etc.)
postre sorpresa	Überraschungsdessert
postre vasco	siehe pastel vasco
postres caseros	hausgemachte Nachspeisen
pota	Art Tintenfisch
potaje	dicke Suppe, Eintopf
potaje andaluz	Reissuppe mit Tomaten, Zwiebeln und Knoblauch
potaje de berros (y jaramagos)	Suppe aus Kresse (und Schöterich) (Kanarische Inseln)
potaje canario	siehe puchero canario
potaje castellano	dicke Gemüsesuppe
potaje con coles	Kohlsuppe
potaje al estilo de Navarra	dicke Gemüsesuppe
potaje de lentejas a la granadina	Linseneintopf mit Kürbis und scharfen Paprikaschoten
potaje madrileño	Eintopf mit Kichererbsen, Stockfisch und Spinat
potaje murciano	Eintopf mit Kichererbsen, weißen Bohnen, Spinat und Tomaten
potaje valenciano	Eintopf mit Kichererbsen, Spinat, Zwiebeln und Weißwein
potaje de verduras	Gemüsesuppe
pote	Eintopf
pote asturiano	Eintopf aus weißen Bohnen, Gemüse, Kartoffeln, Speck und Würsten
pote gallego	Eintopf aus weißen Bohnen, Kartoffeln, Paprikawurst, Schinken, Schweinsohren und -füßen und Rübenblättern (oder Kohl)
pote de habas	Bohneneintopf (Menorca)

pote marinero	Eintopf mit weißen Bohnen, Reis, Fisch und Krustentieren (Galicien)
pote de vigilia	Eintopf mit Kastanien, Paprikaschoten und Schweinefleisch (Asturien)
preparado	zubereitet
primer plato	erster Gang, Vorspeise
pringada (andalusisch pringá)	Brötchen mit Hackfleischfüllung
prisco	eine Pfirsichart
probar	probieren, kosten
profiteroles	Windbeutel, mit Creme oder Sahne gefüllt
proteínas	Proteine, Eiweißstoffe
puchera	Eintopf aus weißen Bohnen, Kohl, Wurst, Speck, Rindfleisch und Kartoffeln (Kantabrien)
puchero	Eintopf
puchero canario	Eintopf aus Kichererbsen, Fleisch, Speck, Wurst, Süßkartoffeln, Kürbis, Birnen, Jamswurzel und Kohl (Kanarische Inseln)
puchero de gallina a la irunesa	Eintopf mit Huhn, Gemüse und Wein (Baskenland)
puchero de trigo	Eintopf aus Weizen, Kichererbsen, Blut- und Paprikawurst und Fenchel (Andalusien)
puchero de verdura	Gemüseeintopf
pudín, pud(d)ing	Pudding
pudín de chocolate	Schokoladenpudding
pudín de vainilla	Vanillepudding
pudín de verduras	Gemüsepudding
puerro	Porree, Lauch
puerros gratinados	mit Bechamelsauce und Käse überbackener Porree
puerros a la provenzal	Porree mit Tomaten und Zwiebeln, im Ofen mit Käse überbacken

pularda	Poularde
pulmón	Lunge
pulpa	Fruchtfleisch
pulpada	mit Paprika gebratene Kraken (Galicien)
pulpitos	kleine Kraken
pulpitos salteados	mit Knoblauch, Petersilie und Sherry in Öl gebratene kleine Kraken
pulpo	Krake, Oktopus
pulpo al ajo arriero	mit Öl und Knoblauch gebratener Krake
pulpo con cachelos	Krake mit Kartoffeln (Galicien)
pulpo a feira	gekochter Krake, mit Öl, Salz und Paprika gewürzt (Galicien)
pulpo a la gallega	siehe pulpo a feira
pulpo a la montañesa	Krake in Weinsauce
pulpo a la sanabresa	Krake mit scharfer Sauce (Zamora)
puntas de diamante	mit Kürbiskonfitüre gefülltes Biskuit-Baisergebäck (Tarragona)
puntas de espárragos	Spargelspitzen
puntas de solomillo	Filetspitzen
puntillitas fritas	winzige gebackene Tintenfische (Andalusien)
puntillitas en su tinta	winzige Tintenfische in Tintensauce
en su punto	gar, genau richtig
puré	Püree
puré de manzana	Apfelmus
puré de patatas	Kartoffelpüree, Kartoffelbrei
puré de patatas duquesa	Kartoffelpüree mit Milch, Butter und Eiern
puré de tomate	Tomatenmark
puré vegetal	Gemüsepüree

purrusalda	Stockfisch mit Porree und Kartoffeln (Baskenland)
Puzol	frischer Schafskäse aus der gleichnamigen Region in der Provinz Valencia

Q

quemado	verbrannt
quenelles, quenelas	leichte Klößchen
quesada	Art Käsetorte (Kantabrien)
quesada de reina	süße gebackene Quarkspeise (Galicien)
quesadilla	Art Käsetörtchen (Kanarische Inseln)
queso	Käse
queso ahumado	geräucherter Käse
queso azul	Blauschimmelkäse, Edelpilzkäse
queso blanco	Weißkäse
queso blando	Weichkäse
queso de bola	Edamer Käse (in Kugelform)
queso de Burgos	frischer Schafskäse aus Burgos
queso de cabra	Ziegenkäse
queso de Cádiz	Ziegenkäse aus Cádiz
queso de la Calahorra	aromatischer Schafskäse aus der Provinz Granada
queso de Cantabria	Kuhmilchkäse aus Kantabrien
queso de cerdo	Art Fleischkäse aus Schweinskopf
queso para extender	Streichkäse
queso fresco	Frischkäse
queso frito	panierte gebackene Käsedreiecke
queso fundido	Schmelzkäse
queso gruyère	Schweizer Käse

queso de Guía	Ziegenkäse von Gran Canaria
queso de hierbas	Kräuterkäse
queso de Holanda	Holländischer Käse
queso de las Hurdes	kräftiger Käse aus der gleichnamigen Region in Estremadura
queso de Mahón	leicht säuerlicher Hart- oder Weichkäse von Menorca
queso de oveja	Schafskäse
queso parmesano	Parmesan(käse)
queso pasiego	siehe Pasiego
queso rallado	Reibkäse
queso suizo	Schweizer Käse
queso para untar	Streichkäse
queso de vaca	Kuhmilchkäse
queso de Villalón	milder Weißkäse aus der Provinz Valladolid
quesuco	zylinderförmiger Käse aus Kuh-, Schaf- und Ziegenmilch (Kantabrien)
quisquillas	Sandgarnelen

R

rabas	gebratene Tintenfischstücke (Santander)
rabanito	Radieschen
rábano	Rettich
rábano picante	Meerrettich
rábano rallado	geriebener Meerrettich
rabo	Schwanz
rabo de buey	Ochsenschwanz
rabo de cerdo con tomate	Schweineschwanz mit Tomatensauce (Estremadura)

rabo de cordero a la extremeña	Lammschwänze in dicker Sauce (Estremadura)
rabo de ternera estofado	geschmorter Kälberschwanz (Salamanca)
rabo de toro estofado	Stierschwanz, mit Gemüse geschmort (Andalusien)
racimo	Traube, Büschel
ración	Portion
ragout	siehe ragú
ragú	Ragout
ragú de ciervo	Hirschragout
ragú de ternera	Kalbsragout
ragú de vieiras al azafrán	Pilgermuschelragout mit Safran
raja	Scheibe
rallado	gerieben
ralladura de limón	abgeriebene Zitronenschale
ramillete albaicinero	Kräutersträußchen aus Lorbeerblättern, Minze und Petersilie (Granada)
rana	Frosch
ranas al ajillo	mit Knoblauch in Öl gebratene Frösche
ranas rebozadas	panierte, gebratene Frösche
ranas de Zudaire	Frösche in Wein-Tomaten-Sauce (Navarra)
rancho canario	dicke Suppe aus Kichererbsen, Nudeln, Schweinefleisch und Paprikawurst (Kanarische Inseln)
rape	Seeteufel (Fisch)
rape al ajo arriero	mit Öl und Knoblauch gebratener Seeteufel
rape a l'all cremat	Seeteufel mit scharf angebratenem Knoblauch (Katalonien)
rape al azafrán	Seeteufel mit Safransauce

rape con bugre	Seeteufel mit Hummer (Asturien)
rape castellano	Seeteufel mit Knoblauch, Mandeln und Pinienkernen
rape a la catalana	gebratene Seeteufelstücke in einer Sauce aus Zwiebeln, Knoblauch, Essig und Schokolade
rape a la Costa Brava	Seeteufel mit Erbsen, roten Paprikaschoten, Muscheln und Weißwein
rape a la malagueña	gebratene Seeteufelscheiben mit Tomaten-Zwiebel-Mandel-Sauce
rape a la marinera	Seeteufel mit Tomaten, Paprikaschoten, Knoblauch, Mandeln und Pinienkernen (Levante)
rape Mornay	Seeteufel mit Bechamel-Sahne-Sauce
rape al queso	Seeteufelscheiben mit Käse überbacken
rape a la salsa de erizos	Seeteufel mit Seeigelsauce
rascacio	Drachenkopf (ein Mittelmeerfisch)
rascassa (kat.)	Drachenkopf in Katalonien
raspa	(Fisch-)Gräte
raviolis, ravioles	Ravioli
raxo (galic.)	Schweinelende
raya	Rochen
raya guisada en amarillo	gekochter Rochen in Safransauce
raya a la mantequilla negra	Rochen mit brauner Butter
raya en pimentón	Rochen in Paprikasauce
raya en salsa blanca	gekochter Rochen in Kapernsauce
raya a la sanluqueña	Rochen in Bitterorangensauce
rebanada	Scheibe, Schnitte
rebanada de pan	Brotscheibe
rebeco	(Pyrenäen-)Gemse
rebozado	paniert, oder nur in Ei und Mehl gewälzt
rebozo	Panade

rebozuelo	Pfifferling
recado de patatas	gebackene Kartoffeln in Sauce, als Beilage zu Stockfisch (Estremadura)
recalentar	aufwärmen
receta	Rezept
recuit (kat.)	Art Dickmilch aus Schaf- und/oder Ziegenmilch (Katalonien)
redondo de ternera	Kalbsbraten aus der Rose
refrigerio	Imbiß
regañada	Art Fladenbrot, vor dem Backen mit Öl bestrichen
regaña(d)os	Art Kuchen mit eingebackenen Heringen und Streifen von roten Paprikaschoten (Aragonien)
régimen	Diät
rehogado	gedünstet
reig (kat.)	Kaiserling, Kaiserpilz
reineta	Renette (Apfelsorte)
relleno	1. gefüllt; 2. Füllung
remojón (de bacalao)	Stockfischsalat mit Orangen, Oliven und harten Eiern (Granada)
rémol	Glattbutt (in Katalonien Steinbutt, siehe rodaballo)
remolacha (de mesa)	Rote Bete, Rote Rübe
reo	Meerforelle
repollo	Kohl (besonders Weißkohl)
repostería	Konditoreiwaren
requesón	Quark
reserva de mesas	Tischbestellung
reservado	reserviert
resopón	spät nachts eingenommene Mahlzeit oder Imbiß

revoltillo	Rühreier mit verschiedenen Zutaten
revoltillo a la catalana	Rühreier mit Spinat und Pinienkernen
revoltillo de setas y gambas	Rühreier mit Pilzen und Garnelen
revuelto	Rühreier oder Omelett mit verschiedenen Zutaten
revuelto de ajos	Rühreier mit zarten jungen Knoblauchtrieben
revuelto de (espárragos) trigueros	Rühreier mit wildem Spargel
revuelto de gambas	gedünstete Garnelen
revuelto de hongos	gedünstete Pilze
revuelto de huevos	Rühreier
revuelto de huevos con setas	Rühreier mit Pilzen
revuelto de huevos a la vasca	Omelett mit Tomaten, grünen Paprikaschoten und Speck
revuelto de setas	gedünstete Pilze
rinrán, rin-ran	Gericht auf der Basis von Kartoffeln, harten Eiern und scharfen Pfefferschoten
riñonada	Nierenbraten
riñonada de cordero	Lammnierenbraten
riñonada de ternera	Kalbsnierenbraten
riñones	Nieren
riñones a la aldeana	Nieren in Wein-Zwiebel-Petersilien-Sauce
riñones de cerdo salteados	mit Knoblauch und Petersilie in Wein gedünstete Schweinenieren
riñones al jerez	Nieren in Sherrysauce
riñones de ternera	Kalbsnieren
riñones de ternera a la andaluza	Kalbsnieren mit Kartoffeln, Erbsen und roten Paprikaschoten in Wein gedünstet

a la riojana	nach Art der Rioja zubereitete Gerichte enthalten meist Tomaten, rote Paprikaschoten, Paprikawurst und evt. Spargel
ristra	Strang (z. B. von Knoblauch)
robaliza	regional für Wolfsbarsch (siehe lubina)
róbalo	regional für Wolfsbarsch (siehe lubina)
robellón	echter Reizker (Pilz)
rodaballo	Steinbutt
rodaballo en allada	Steinbuttfilets auf Kartoffelscheiben mit Zwiebeln und Knoblauch (Galicien)
rodaballo en hojaldre	Steinbutt im Blätterteigmantel
rodaballo a la molinera	Steinbutt Müllerin Art
rodaja	Scheibe (Wurst etc.)
rollito	Röllchen
rollitos de lenguado	Seezungenröllchen
rollitos de salmón	Lachsröllchen
rollo	Rolle, Roulade
rollo de carne	Fleischroulade
rollo de primavera	Frühlingsrolle
rollos baleares	mit Speck und »sobrasada« (Paprikawurst) gefüllte Rindsrouladen
a la romana	Zubereitungsart, meist von Fisch und Meeresfrüchten, die in Ei und Mehl gewälzt und in schwimmendem Fett ausgebacken werden
romero	Rosmarin
romescada	Gericht aus verschiedenen Fischsorten mit »romesco«-Sauce (s. d.)
romescada de pescados y mariscos	verschiedene Fische und Meeresfrüchte mit »romesco«-Sauce (s. d.)

romesco, romescu (kat.)	pikante Sauce aus Tomaten, Knoblauch, gerösteten Mandeln, kleinen getrockneten Pfefferschoten (ñoras), Öl und Essig, zu Fisch und Meeresfrüchten
romesco de pescado	Fisch mit »romesco«-Sauce (s. d.)
Roncal	würziger Schafkäse aus dem gleichnamigen Tal in Navarra
ropa vieja	Fleischreste mit Kartoffeln oder Gemüse in Zwiebel-Wein-Sauce
rosbif	Roastbeef
rosca	kranzförmiges Gebäck
roscas leonesas	mit Baisermasse überzogenes kranzförmiges Gebäck
roscón	Kranzkuchen
roscón de Reyes	Kranzkuchen zum Dreikönigstag (meist mit eingebackener Überraschung, z. B. einer Münze oder Bohne)
roscos	mit Anis und Zimt gewürztes Kranzgebäck
roscos de vino	Weinkränzchen
rosquillas	kranzförmiges Gebäck
rosquillas bañadas	mit Zitronensirup übergossene Kränzchen
rosquillas borrachas	mit Wein getränkte Mandelkränzchen
rosquillas de Reinosa	Aniskränzchen mit Zuckerguß (Kantabrien)
rosquillas de San Isidro	Aniskränzchen
rosquillas de San Leandro	Aniskränzchen mit Zuckerguß (Kantabrien)
rossejat de fideos (kat.)	siehe fideos rossejats
rossinyols (kat.)	Pfifferlinge
rostes amb mel (kat.)	Bratwürstchen mit Honig
rovelló (kat.)	echter Reizker (Pilz)

rovellons a la brasa	echter Reizker, gegrillt, mit Öl, Knoblauch und Petersilie gewürzt
rubio	gestreifter Seehahn (Fisch)
rubio a la casera	Seehahn mit Knoblauch, grünen Paprikaschoten, Tomaten und Gewürzen
ruibarbo	Rhabarber

S

sábalo	Maifisch, Alse
sabayón	Schaumcreme aus Eiern, Zucker und Wein oder Likör
sabor	Geschmack
sabroso	schmackhaft
sacacorchos	Korkenzieher
sacarina	Sacharin, Süßstoff
sacristanes rellenos	gefüllte Blätterteigpastetchen
sagú	Sago
sal	Salz
a la sal	in dicker Salzkruste gegart (vor allem große Fische wie Wolfsbarsch oder Goldbrasse)
sal marina	Meersalz
salado	salzig, gesalzen
salazones	Pökelfleisch, gesalzene Fische
salami	Salami
salami ahumado	geräucherte Salami
salchicha	Würstchen
salchicha asada	Bratwürstchen
salchicha de Frankfurt	Frankfurter Würstchen
salchichón	salamiartige Hartwurst
salero	Salzstreuer

salmis	Wild- oder Wildgeflügelragout
salmis de becada	Schnepfenragout
salmis de codornices	Wachtelragout
salmis de pato	Entenragout
salmis de pichón	Taubenragout
salmón	Lachs
salmón ahumado	Räucherlachs
salmón a la alicantina	marinierte, gegrillte Lachsscheiben
salmón a la andaluza	Lachs mit Oliven in saurer Sauce
salmón a la asturiana	in Milch eingelegter Lachs, mit Zitronensaft beträufelt und gegrillt
salmón a la bearnesa	in Weißwein gekochter Lachs mit Sauce Béarnaise
salmón a la catalana	marinierte, gebratene Lachsscheiben mit Kapernsauce
salmón fresco	frischer Lachs
salmón a la naranja	Lachs in Bitterorangensauce
salmonete	Rotbarbe, Meerbarbe
salmonete a la bilbaína	Rotbarben mit Knoblauch, Essig und Petersilie
salmonetes fritos	gebackene Rotbarben
salmonetes de roca	Streifenbarben
salmonetes a la selvatana	marinierte Rotbarben mit Pinienkernsauce
salmorejo	1. Art Beize aus Öl, Essig, Salz und Pfeffer; 2. siehe salmorejo cordobés
salmorejo cordobés	Variante des gazpacho (s. d.) aus Tomaten, Knoblauch, Brotkrume, Öl und Essig
salmorejo de conejo a la extremeña	gebeizte, gebratene Kaninchenstücke
salmorejo de ternera	gekochtes Kalbfleisch in Gewürzbrühe
salmuera	Salzlake

en salmuera	gepökelt
salpicón	mit Öl, Zwiebel und Essig angemachter Salat aus Fleisch, Fisch oder Meeresfrüchten
salpicón de langosta	Langustensalat
salpicón de mariscos	Meeresfrüchtesalat
salpimentar	mit Salz und Pfeffer würzen
salsa	Sauce
en su salsa	im eigenen Saft
salsa alicantina	Sauce aus Fischbrühe, Knoblauch, Petersilie, Zitrone und Champignons
salsa de alcaparras	Kapernsauce
salsa de almendras	Mandelsauce
salsa amarilla	gelbe (Safran-)Sauce
salsa americana	Sauce aus Tomaten, Zwiebeln, Wein und Weinbrand
salsa andaluza	Art Mayonnaise mit Tomatenmark, Petersilie und roten Paprikaschoten
salsa asturiana	Art Bechamelsauce mit Schinken
salsa Aurora	weiße Sauce mit Tomatenmark
salsa bearnesa	Sauce Béarnaise (Schalotten, Eigelb, Butter und Essig-Kräuter-Sud)
salsa bechamel	Bechamelsauce
salsa a la bilbaína	Sauce aus Fischbrühe, Tomaten, Knoblauch und Mandeln
salsa blanca	weiße Sauce
salsa de cebolla	Zwiebelsauce
salsa de chocolate	Schokoladensauce
salsa Colbert	Sauce aus Bratensaft, Butter, Zitrone, Madeira, Petersilie und Estragon
salsa crema	Bechamelsauce mit Eigelb und Butter

salsa de erizos de mar	Seeigelsauce
salsa escarlata	kalte Sauce aus roten Paprikaschoten, Öl, Eigelb und Zitrone
salsa española	Wein-Zwiebel-Knoblauch-Sauce mit Gewürzen
salsa financiera	braune Sauce mit Trüffeln
salsa holandesa	Holländische Sauce
salsa de huevo	Eiersauce
salsa inglesa	weiße Sauce mit Sherry und Tomatenmark
salsa madera, salsa Madeira	braune Sauce mit Weißwein und Madeira
salsa maître d'hôtel	Buttersauce mit Petersilie und Zitrone
salsa marinera	Sauce aus Fischbrühe und Wein
salsa mayonesa	Mayonnaise
salsa de menta	Minzsauce
salsa Mornay	Bechamelsauce mit Sahne und geriebenem Käse
salsa de mostaza	Senfsauce
salsa muselina	Holländische Sauce mit Schlagsahne
salsa negra	schwarze Sauce aus der Tinte des Tintenfisches
salsa de patatas	Sauce aus Kartoffeln, Tomaten, Paprikaschoten, Öl, Kümmel und Lorbeer (Andalusien)
salsa de perejil	Petersiliensauce
salsa picante	scharfe Sauce
salsa ravigote	Vinaigrette mit Kapern, Zwiebeln und Kräutern
salsa riojana	Wein-Zwiebel-Sauce
salsa Robert	braune Sauce mit Zwiebeln, Wein, Essig und Senf
salsa roja aragonesa	rote Sauce aus Mayonnaise und Rote-Bete-Saft

salsa roja vasca	rote Sauce aus Tomaten, Knoblauch und getrockneten Paprikaschoten
salsa romesco	siehe romesco
salsa Roquefort	Roquefort-Sauce
salsa rubia	weiße Sauce mit Schinkenstückchen
salsa sabayón	Weinschaumsauce
salsa salpicada	kalte Sauce aus harten Eiern, Zwiebel, Knoblauch, Essig und Öl (zu Fisch und Meeresfrüchten)
salsa de setas	Pilzsauce
salsa suprema	helle Sauce mit Eigelb und Sahne (zu Geflügel)
salsa tártara	Sauce tatare (Mayonnaise mit feinen Kräutern)
salsa de tomate	Tomatensauce
salsa de trufas	Trüffelsauce
salsa de vainilla	Vanillesauce
salsa verde	grüne (Kräuter-)Sauce
salsa Villeroi	dicke Bechamelsauce
salsa vinagreta	Vinaigrette-Sauce (Öl, Essig, Kräuter)
salsa de vino blanco	Weißweinsauce
salsa de vino tinto	Rotweinsauce
salsa vizcaína	Sauce aus Fleischbrühe, Zwiebeln, getrockneten Paprikaschoten und Paprikapulver
salseado	mit Sauce
salsifí	Schwarzwurzel
salteado	in der Pfanne gebraten
salteado de hongos	gebratene Pilze
salvado	Kleie
salvia	Salbei

sama	typischer Fisch der Kanarischen Inseln
samfaina (kat.)	geschmorte Tomaten, Paprikaschoten, Auberginen, Zucchini und Zwiebeln (Katalonien)
San Benito	siehe Andévalo
sancocho canario	mit Kartoffeln und Süßkartoffeln gekochter Fisch (frisch oder gesalzen), dazu eine scharfe Sauce (siehe mojo), typisches Gericht der Kanarischen Inseln
sandía	Wassermelone
sandwich	Sandwich
sangre	Blut
San Pedro	Petersfisch, Heringskönig
San Simón	galicischer Weichkäse, leicht säuerlich und mit Rauchgeschmack
santiaguiño	langustenähnliches Krustentier (Galicien)
sardinas	Sardinen
sardinas en aceite	Ölsardinen
sardinas asadas estilo Santurce	gegrillte Sardinen mit Olivenöl (Baskenland)
sardinas a la asturiana	Sardinen in Wein-Tomaten-Sauce
sardinas con cachelos	Sardinen mit Kartoffeln (Galicien)
sardinas en cazuela	Sardinen mit Zwiebeln, Tomaten, grünen Paprikaschoten, Knoblauch und Petersilie
sardinas en conserva	Büchsensardinen
sardinas en escabeche	marinierte Sardinen
sardinas al estilo de Navarra	Sardinen mit Knoblauch, Petersilie, Paprika, Oregano und Paniermehl im Ofen gebraten
sardinas al estilo de Sacromonte	Sardinen mit Zwiebeln in Tomatensauce (Andalusien)
sardinas fritas	fritierte Sardinen

sardinas en lata	Büchsensardinen
sardinas a la montañesa	Sardinen mit Gemüse gedünstet
sardinas a la santanderina	gebratene Sardinen mit Knoblauchöl übergossen
sardinas a la viguesa	in Olivenöl gebratene Sardinen
sargo	Große Geißbrasse (Fisch)
savarín	mit Rum oder Likör getränkter Hefekranzkuchen
sazonar	würzen
seco	trocken
según peso	nach Gewicht
según tamaño	je nach Größe
segundo plato	zweiter Gang
sémola	Grieß
sémola de trigo duro	Hartweizengrieß
sepia	Tintenfisch
sepia estofada	mit Zwiebeln, Knoblauch und Wein geschmorter Tintenfisch
seques amb botifarra (kat.)	weiße Bohnen mit Bratwurst (Katalonien)
sequillos	Buttergebäck
Serena	Schafkäse aus der gleichnamigen Gegend in der Provinz Badajoz (Estremadura)
serrano	1. Schriftbarsch (Fisch); 2. siehe jamón serrano
Serrat	würziger Schafskäse aus den katalanischen Pyrenäen
servilleta	Serviette
servilleta de papel	Papierserviette
sésamo	Sesam
sesada	gebackenes Hirn
sesos	Hirn

sesos en caldereta	Hirn, in Speckscheiben gehüllt und mit Champignons in Wein geschmort
sesos de cordero	Lammhirn
sesos a la flamenca	mit Essig oder Zitrone gekochtes Hirn
sesos a la francesa	Hirn in Zwiebel-Knoblauch-Wein-Sauce
sesos huecos	Art kleine Krapfen, mit Hirn gefüllt und in schwimmendem Öl gebraten
sesos a la mantequilla negra con alcaparras	Hirn mit brauner Butter und Kapern
sesos rebozados y fritos	paniertes, gebratenes Hirn
sesos a la romana	Hirn, in Ei und Mehl gewälzt und in Öl ausgebacken
sesos de ternera	Kalbshirn
setas	Pilze
setas al ajillo	mit Knoblauch in Öl gebratene Pilze
seta de cardo	Kräuterseitling
seta de carrerilla	Maipilz
setas a la kashera	mit Knoblauch und Petersilie gedünstete Pilze (Baskenland)
setas a la manchega	geschmorte Pilze mit Branntwein
setas a la marinera	mit Schinken und Tomate geschmorte Pilze
setas a la navarra	gedünstete Pilze mit Mandelsauce
setas a la riojana	in Weinsauce gedünstete Pilze
seta de San Jorge	Maipilz
Sierra Nevada	Nachspeise aus Eiscreme und Baiser
silla	Rücken, Sattel
silla de conejo relleno	gefüllter Kaninchenrücken
silla de cordero	Lammrücken, Lammsattel

silla de ternera a la andaluza	Kalbsrücken mit Tomaten und Artischocken in Sherrysauce
simi-tomba	Gericht aus Fisch und Kartoffeln mit Knoblauchmayonnaise (Costa Brava)
sin	ohne
sin alcohol	alkoholfrei
sin gas	ohne Kohlensäure (Mineralwasser)
sin sal	salzlos
siureny (kat.)	siehe sureny
soasar	anbraten, leicht braten
sobaos pasiegos	Art Biskuitgebäck (Kantabrien)
sobrasada	streichfähige feine Paprikawurst (Mallorca)
sofrito	dicke Sauce aus gebratenen Tomaten, Zwiebeln und Knoblauch
soja	Soja
soja germinada	Sojakeime
soldaditos de Pavía	Stockfischstreifen, in Mehl und Ei oder in Ausbackteig gewälzt und in Öl knusprig gebraten (Andalusien, Kastilien)
soletillas	Löffelbiskuits
solla	Scholle, Goldbutt
solleta	einflossige Scholle
sollo	galicischer Name für Stör (esturión)
solomillo	Filet
solomillo a la andaluza	Kalbsfilet mit Pilzen
solomillo asado	Filetbraten
solomillo de buey	Ochsenfilet
solomillo de cerdo	Schweinefilet
solomillo de cerdo a la malagueña	gebratenes Schweinefilet mit Schinken und Erbsen in heller Sauce

solomillo de cordero a la panadera	Lammfilet mit Kartoffeln und Zwiebeln
solomillo a la pimienta verde	Filetsteak mit grünem Pfeffer
solomillo a la sal	in dicker Salzkruste gegartes Filet
solomillo de ternera	Kalbsfilet
solomillo de ternera a la granadina	Kalbsfilet mit Kartoffelpüree, dicken Bohnen und Erbsen
solomillo de ternera a la parrilla	gegrilltes Kalbsfilet
solomillo de vaca	Rinderfilet
sopa	Suppe
sopa de ajo	Knoblauchsuppe
sopa de ajo castellana	Knoblauchsuppe mit Schinken, Brot und verlorenen Eiern
sopa de ajo al estilo de Alava	Knoblauchsuppe mit Tomaten, getrockneten Paprikaschoten, Brot und Safran
sopa de almejas	Muschelsuppe
sopa de almendras	Mandelsuppe
sopa andaluza	Gemüsesuppe
sopa aragonesa	Lebersuppe mit geriebenem Käse und gerösteten Brotschnitten, im Ofen gekocht
sopa de arroz	Reissuppe
sopa de arroz tostado	Suppe mit geröstetem Reis (Levante)
sopa asturiana	Suppe aus Porree und Sauerampfer mit gerösteten Brotstücken
sopa de azafrán	Safransuppe
sopa de bacalao santanderina	Stockfischsuppe mit Porree und Kartoffeln
sopa de berros	Kressesuppe
sopa de berros castellana	Kresse-Kartoffelcreme-Suppe
sopa burgalesa	Suppe mit Lammfleisch und Flußkrebsschwänzen (Burgos)

sopa de Cádiz	Suppe mit Brot, Knoblauch, Schinken, harten Eiern und Knoblauch
sopa cana	Milchsuppe mit Brot und Zimt (Navarra)
sopa de cangrejos	Krebssuppe
sopa castellana	Knoblauchsuppe mit Paprika und Ei
sopa catalana con albondiguillas	Suppe mit Hackfleischklößchen
sopa de cebolla	Zwiebelsuppe
sopa de cebolla gratinada	überbackene Zwiebelsuppe
sopa Colbert	Gemüsesuppe mit pochierten Eiern
sopa de congrio a la vasca	Meeraalsuppe mit Muscheln, Gemüse und Kartoffeln
sopa Costa Brava	Suppe aus Seefischen
sopa al cuarto de hora	»Viertelstundensuppe« mit vielen Varianten, meist enthält sie Fisch, Meeresfrüchte, Reis und harte Eier
sopa de fideos	Nudelsuppe
sopa de galets (kat.)	Nudelsuppe (mit einer muschelförmigen Nudelart)
sopa de gato de Cádiz	Brot-Knoblauch-Suppe
sopa granadina	Suppe aus Tomaten, Zwiebeln, Paprikaschoten, Knoblauch und Brot
sopa de Guipúzcoa, sopa guipuzcoana	Suppe mit weißen Bohnen, Zwiebeln, Knoblauch, Kohl und Essig
sopa gulasch	Gulaschsuppe
sopa imperial	Brühe mit Schinkenstückchen und Eigelb
sopa juliana	Gemüsesuppe
sopa de leche	Milchsuppe
sopa leonesa	Brotsuppe mit Zwiebeln, Knoblauch und Ei
sopa a la malagueña	Muschelsuppe mit Brot, Zwiebeln und Tomate

sopa mallorquina	dicke Suppe aus Graubrot, Tomaten, Kohl, Zwiebeln und Knoblauch
sopa manchega	Suppe mit grünem Spargel, Zwiebeln, Knoblauch und Brot
sopa (a la) marinera	Fischsuppe mit Brot, Zwiebeln und Knoblauch
sopa de mariscos	Suppe aus Meeresfrüchten
sopa de mariscos levantina	Suppe aus Meeresfrüchten und Gemüse (in zwei Gängen serviert)
sopa de mejillones	Miesmuschelsuppe
sopa al modo de Navarra	Gemüsesuppe mit Schinken und Paprikawurst
sopa montañesa	Suppe mit Paprikawurst und verlorenem Ei
sopa montserratina	dicke Suppe aus Meeraal, Kartoffeln, weißen Bohnen, Kichererbsen und Blumenkohl; die gargekochten Zutaten werden püriert und in dem Püree wird Reis gekocht
sopa de nueces	Walnußsuppe (Galicien)
sopa paisana oder payesa	dicke Suppe aus weißen Bohnen, Kohl, Kartoffeln und Reis
sopa Parmentier	Kartoffelsuppe
sopa de pasta	Nudelsuppe
sopa de pescado	Fischsuppe
sopa de pescado malagueña	Fischsuppe mit Zwiebeln, Tomaten, Paprikaschoten und Nudeln
sopa de pescadores	Fischsuppe
sopa de picadillo	Suppe mit Schinken, Reis und harten Eiern
sopa de pimentón	scharfe Paprikasuppe (Almería)
sopa de potaje de coles	dicke Suppe mit Kohl, Mangold, Spinat, Sauerampfer und Salat (Navarra)
sopa de primavera	Frühlingssuppe (mit Gemüse und Schinken)

sopa de puerros	Porreesuppe, Lauchsuppe
sopa de rabo de buey	Ochsenschwanzsuppe
sopa de rape tarraconense	Seeteufelsuppe mit Tomaten, Zwiebeln, Haselnüssen und Safran
sopa a la reina	Hühnersuppe mit Eigelb legiert
sopa de tomillo	Thymiansuppe
sopa de tortuga	Schildkrötensuppe
sopa tinerfeña	Reis-Tomaten-Suppe
sopa a la valenciana	Gemüsesuppe mit Reis und Schinken
sopa vegetal	Gemüsesuppe
sopa de vigilia	Fischsuppe mit Reis
sopa de vigilia a la catalana	Suppe mit Meeraal, weißen Bohnen, Reis, Nudeln und Mangold
sopas	Brotscheiben oder -stücke, die in die Suppe getaucht oder gelegt werden
sopas de ajo andaluzas	Art Brotsuppe mit Knoblauch
sopas engañadas	Suppe mit Paprikaschoten, Essigzwiebelchen, Feigen und Trauben (Estremadura)
soplillos de Segovia	feines Schaumgebäck mit Zimt, Anis und Branntwein
sorbete	Sorbet (Fruchtsaft-Wasser-Eis)
sorbete de cassis	Sorbet aus schwarzen Johannisbeeren
sorbete de hierbabuena	Pfefferminzsorbet
sorbete de limón	Zitronensorbet
sorbete de melón	Melonensorbet
sorbete de moras	Brombeersorbet
sorbete de naranja	Orangensorbet
sorbete de piña	Ananassorbet
sorda	Waldschnepfe

sorda en salsa	Waldschnepfe in würziger Rotweinsauce (Baskenland)
sorropotún	Gericht aus Thunfisch, Kartoffeln, Tomaten und Zwiebeln (die kantabrische Variante des baskischen »marmitako«, s. d.)
soso	fade
soufflé	Soufflé (leichter Auflauf mit Eischnee)
soufflé de castañas	Kastaniensoufflé
soufflé helado	Eiscreme-Auflauf
soufflé de queso	Käsesoufflé
soufflé sorpresa	Überraschungssoufflé (Eicreme mit Biskuit und Baiser überbacken)
spaghetti	siehe espaguetis
steak	Steak
steak a la pimienta	Pfeffersteak
steak tártaro	Tatarbeefsteak (Beefsteakhack mit Eigelb, Zwiebeln, Kapern und Gewürzen)
suc de anguilas (kat.)	Aalpfanne mit Kartoffeln und Knoblauch (Valencia)
suculento	saftig
suflé	siehe soufflé
suizo	süßes Hefebrötchen
suplemento	Zuschlag
supremas	Bruststück vom Geflügel oder feine Fischfilets
supremas de merluza	feine Seehechtfilets
supremas de salmón fresco	frische Lachsfilets
suquet (kat.)	in der Tonschale zubereiteter Fischtopf mit einer Sauce aus Tomaten, Knoblauch, Petersilie, Weinbrand, gerösteten Mandeln und evt. Pinienkernen (Katalonien)
suquet de anchoas (kat.)	Sardellentopf

suquet de peix (kat.)	Fischtopf (siehe suquet)
sureny (kat.)	Steinpilz
surtido	Auswahl
surtido de ahumados	gemischte Räucherplatte
surtido de embutidos	Aufschnittplatte
surtido de fiambres	Aufschnittplatte
surtido de tapas	Auswahl an »tapas« (kleine Vorspeisen)
suspiros	feines Mandelgebäck
suspiros de Bilbao	feines Butter-Mandel-Gebäck
suspiros de monja	Art Brandteigkrapfen, in Öl ausgebacken

T

tabla de embutidos	Aufschnittplatte
tabla de matanza de cerdo	Schlachtplatte
tabla de quesos	Käseplatte
tacos de jamón	kleine Schinkenwürfel (zum Aperitif)
tacos de queso	kleine Käsewürfel (zum Aperitif)
tagarnina	Golddistel (als Gemüse gegessen)
tajada	Scheibe, Schnitte
tall rodó (kat.)	Rinder- oder Kalbsbraten aus der Keule
tallarines	Bandnudeln
tallarines a la boloñesa	Bandnudeln mit Fleischsauce
tamizar	fein sieben
tamaño	Größe, Format
tapas	kleine pikante Vorspeisen oder Appetithappen
tapas variadas	verschiedene Vorspeisen oder Häppchen

tapioca	Tapioka (Stärkemehl aus der Maniokpflanze)
tapón	Korken, Pfropfen
taps de Cadaqués (kat.)	Küchlein in Flaschendeckelform (Spezialität von Cadaqués, Provinz Gerona)
tarro	Einmach-Topf
tarta	Torte
tarta de almendras	Mandeltorte
tarta de cebolla	Zwiebelkuchen
tarta de chocolate	Schokoladentorte
tarta del convento	Blätterteig-Baiser-Torte
tarta de crema	Cremetorte
tarta episcopal	Obsttorte (Galicien)
tarta de frutas	Obsttorte
tarta helada	Eistorte
tarta de limón	Zitronentorte
tarta de manzana	Apfeltorte
tarta de Mondoñedo	Biskuit-Blätterteigtorte mit Kürbiskonfitüre und Mandeln (Galicien)
tarta de nueces	Walnußtorte
tarta nupcial	Hochzeitstorte
tarta de ponche	Punschtorte
tarta de Pontedeume	Mandeltorte (Galicien)
tarta de queso	Käsetorte
tarta del Sacromonte	Torte aus Eiern, Zucker, geröstetem Brot und Zimt (Andalusien)
tarta de Santiago	Mandeltorte (Galicien)
tarta de sardinas	Sardinentorte (Balearen)
tarta tatín	gestürzte Apfeltorte
tarta al whisky	Whiskytorte
tartaleta	Törtchen
a la teja	auf heißem Dachziegel gebraten

tejas (de almendras)	feines Butter-Mandel-Gebäck
tellarina (kat.)	siehe coquina
templado	lauwarm
temporada	Jahreszeit, Saison
en temporada	in der Saison
según temporada	je nach Jahreszeit
tenca	Schleie
tenedor	Gabel
tentempié	Imbiß
teresitas	mit Creme gefüllte, in Öl ausgebakkene kleine Kuchen
termo	Thermosflasche
ternasco	Milchlamm
ternasco asado	Milchlammbraten
ternasco en espeto	Milchlamm vom Spieß
ternasco al estilo del Alto Aragón	am Spieß gebratenes Milchlamm
ternasco al horno de leña	im Holzofen gebratenes Milchlamm
ternera	Kalb, Kalbfleisch
ternera a la aldeana	geschmortes Kalbfleisch in Wein-Tomaten-Zwiebel-Sauce
ternera asada	Kalbsbraten
ternera borracha	dicke Kalbfleischscheiben, mit Schinken gefüllt und in Wein gegart
ternera a la chilindrón	Kalbfleisch in dicker Tomaten-Paprika-Sauce
ternera a la cordobesa	Kalbsbraten mit Artischocken
ternera al estilo de la Mancha	Kalbfleisch mit Tomaten und Paprikaschoten
ternera guisada	geschmortes Kalbfleisch mit Gemüse und Kartoffeln
ternera a la jardinera	Kalbsbraten mit Gemüse in Weinsauce
ternera en su jugo	Kalbsbraten im eigenen Saft

ternera de leche	Milchkalb
ternera mechada a la andaluza	mit Oliven und Mandeln gespickter Kalbsbraten in Tomaten-Wein-Sauce
ternera a la milanesa	Kalbfleischscheiben mit Käse und Knoblauch überbacken
ternera al modo de Aranjuez	Kalbsbraten mit Spargel
ternera a la montañesa	Kalbfleisch in Zwiebel-Wein-Sauce (Kantabrien)
ternera a la provenzal	Kalbsbraten mit Artischocken und Erbsen
ternera rellena	gefüllte Kalbfleischrolle mit Gemüse
ternera a la sevillana	siehe ternera mechada a la andaluza
terrina	Terrine (Pastete ohne Teig)
terrina de becada trufada	getrüffelte Schnepfenterrine
terrina de faisán y perdiz	Fasan-Rebhuhn-Terrine
terrina de hígado de oca	Gänseleberterrine
terrina de hígado de pato	Entenleberterrine
terrina de perdiz	Rebhuhnterrine
terrón de azúcar	Stück Zucker
teta gallega	milder Butterkäse in Kegelform (Galicien)
tetilla	siehe teta gallega
tian de berenjenas	Auberginenauflauf
tibio	lauwarm
tierno	zart (auch Fleisch)
timbal	Art Pastete oder Auflauf
timbal de langosta	Langustenpastete
timbal de patatas	Kartoffelauflauf
tioro	siehe ttoro
tirabeques	Zuckererbsen (werden mit der Schote gegessen)

tiritas	feine Streifen (von Schinken, Paprikaschoten etc.)
tiznao	Stockfischragout mit Paprikaschoten, Tomaten, Zwiebeln und Knoblauch in der Tonschale zubereitet (La Mancha)
tocinillo	siehe tocino de cielo
tocino	Speck
tocino de cielo	Süßspeise aus Zuckersirup und Eigelb, im Wasserbad gestockt
tocino entreverado	durchwachsener Speck
tojunto	geschmortes Wildkaninchen mit Zwiebeln, Knoblauch und grünen Paprikaschoten (Spezialität von Ciudad Real)
tolla	baskischer Name für Hundshai (cazón)
tomàquet (kat.)	Tomate
tomate	Tomate
tomates asados	gebratene Tomaten
tomates al estilo de Almansa	gefüllte Tomaten in Brühe (La Mancha)
tomates al estilo de las Palmas	Tomaten mit Huhn-Schinken-Füllung
tomates a la mimosa	mit Schinken, harten Eiern, Oliven und Anchovis gefüllte Tomaten
tomates primaverales	Tomaten mit Gemüse-Mayonnaise-Füllung
tomates rellenos	gefüllte Tomaten
tomates rellenos al horno	im Ofen gebratene Tomaten mit Fleisch- oder Fischfüllung
tomillo	Thymian
toña murciana	Hefeteiggebäck mit Honig, Walnüssen und Pinienkernen
toro	Stier
tordo	Drossel

toronja	Bitterorange
toronjil	Melisse
torrada (kat.)	Scheibe Toast
torrefacto	geröstet (Kaffee)
torreznos	gebratene Speckscheiben
torrijas	arme Ritter
torta	Fladen, Kuchen
torta de aceite	mit Anis und Sesam gewürzte kleine runde Fladen (Andalusien)
torta del Casar	weicher Schafskäse aus Cáceres (Estremadura)
torta de Ceceño	ungesäuertes Fladenbrot
torta de chicharrones	Kuchen mit Speckgrieben
torta de hornazos	kleine Kuchen mit harten Eiern
torta de nuez	Walnußkuchen
torta de plátanos	Bananentorte mit Honig (Kanarische Inseln)
torta de recaptes (kat.)	Art Pizza mit Tomaten, Paprikaschoten, Wurst und Sardinen
torta de Reyes	Dreikönigskuchen (mit eingebakkener Überraschung)
torteles de Mallorca	Marzipankränze
tortell (kat.)	gefüllter Kranzkuchen (meist Blätterteig)
tortell de Reis (kat.)	siehe torta de Reyes
tortilla	Omelett
tortilla de ajetes	Omelett mit jungen Knoblauchtrieben
tortilla de ajos tiernos	Omelett mit jungen Knoblauchtrieben
tortilla alcarreña	Omelett mit Spargel, Wurst und Schinken
tortilla a la andaluza	Omelett mit Tomaten, Zwiebeln und grünen Paprikaschoten

tortilla de angulas	Omelett mit Glasaalen (Asturien)
tortilla balear	Omelett mit frischen Sardinen
tortilla a la barcelonesa	Omelett mit Hühnerleber und Schinken
tortilla campesina	Omelett mit roten Paprikaschoten, Champignons und Tomaten
tortilla canaria	Omelett mit Tomaten und Zwiebeln
tortilla catalana	Omelett mit weißen Bohnen und Bratwurst
tortilla cazadora	Jägeromelett mit Leber, Nieren und Pilzen
tortilla de champiñones	Champignonomelett
tortilla de chorizo	Omelett mit Paprikawurst
tortilla coruñesa	Omelett mit durchwachsenem Speck
tortilla española	Kartoffelomelett
tortilla de espárragos	Spargelomelett
tortilla de espinacas	Spinatomelett
tortilla al estilo de Badajoz	Omelett mit Würstchen und scharfen Pfefferschoten
tortilla finas hierbas	Kräuteromelett
tortilla (a la) francesa	Omelett natur (nur mit Eiern)
tortilla gallega	Omelett mit Kartoffeln, Paprikawurst und Schinken
tortilla de gambas	Omelett mit Garnelen
tortilla (a la) granadina	Omelett mit Hühnerleber, Lammbries, Nieren und Wein
tortilla de jamón	Schinkenomelett
tortilla a la jardinera	Gemüseomelett
tortilla madrileña	Omelett mit Schinken und Zwiebeln
tortilla de la magra	Omelett mit mageren Schweinefleischstreifen
tortilla mallorquina	siehe tortilla balear
tortilla de mariscos	Omelett mit Meeresfrüchten

tortilla merengue	überbackenes Schaumomelett mit Konfitüre (León)
tortilla murciana	Omelett mit Zucchini, Auberginen, Paprikaschoten, Tomaten, Zwiebeln und Schinken
tortilla a la navarra	Omelett mit Kartoffeln, Tomaten und Zwiebeln
tortilla (a la) paisana	Bauernomelett
tortilla de patatas	Kartoffelomelett
tortilla payesa	Omelett mit Schinken, Bratwurst und Gemüse
tortilla de queso	Käseomelett
tortilla riojana	Omelett mit roten Paprikaschoten, Wurst und Schinken
tortilla (del) Sacromonte	Omelett mit Hirn, Hoden, Kartoffeln, Schinken und Erbsen (Andalusien)
tortilla de sesos	Hirnomelett
tortilla sevillana	Omelett mit Tomaten, Zwiebeln, grünen Paprikaschoten und Pilzen
tortilla soufflée	Schaumomelett
tortilla de Tudela	Spargelomelett (Navarra)
tortilla vasca	Omelett mit Tomaten, roten Paprikaschoten, Pilzen und Schinken
tórtola	Turteltaube
tortuga	Schildkröte
tostada	Scheibe Toast
tostada con anchoas de l'Escala	Toast mit Sardellen aus l'Escala (Costa Brava)
tostada de crema	im Baskenland Bezeichnung für leche frita (s. d.)
tostada con mantequilla	Toast mit Butter
tostada de pan a la vasca	Art arme Ritter
tostado	geröstet, getoastet
tostón	gebratenes Spanferkel

tostón zamorano	Spanferkel, am Spieß über Holzfeuer gebraten
tournedó	Tournedos (dicke Rinderfiletscheibe)
tournedó Rossini	Rinderfiletscheibe mit Gänseleber und Trüffeln in Madeirasauce
tournedó de ternera	Rinderfiletscheibe
trago	1. Schluck; 2. Drink
trenza	Zopf (Brot oder Kuchen)
trigo	Weizen
trigo a la cortijera	Eintopf aus weißen Bohnen, Weizen, Kartoffeln, Fleisch, Speck und Würsten (Andalusien)
trigo sarraceno	Buchweizen
trinchar	tranchieren
trinxat (kat.)	Gericht aus Kartoffeln, Kohl und Speckscheiben (Katalonien)
tripacallos	Kutteln (siehe callos)
tripotxa (bask.)	1. Blutwurst (Baskenland); 2. Art Lungenhaschee mit Gemüse (Baskenland)
triturado	zerkleinert
troceado	in Stücke geschnitten
trompetilla de los muertos	Totentrompete (ein Würzpilz)
troncho	Strunk
Tronchón	würziger Käse aus Schaf- und Ziegenmilch (Castellón, Teruel)
tronco de merluza	Mittelstück vom Seehecht
tronco de Navidad	baumstammähnlicher Weihnachtskuchen
tronco de rape	Mittelstück vom Seeteufel
tropezones	Schinken- oder Wurststückchen, die man in die Suppe tut oder unter das Gemüse mischt
trozo	Stück

trucha	Forelle
trucha ahumada	geräucherte Forelle
trucha a la almendra	Forelle mit Mandeln gebraten
trucha arco iris	Regenbogenforelle
trucha asalmonada	Lachsforelle
trucha escabechada	marinierte Forelle
trucha al estilo del Alto Pirineo	mit Paprika und Schinken gefüllte Forelle in Essigsauce
trucha al estilo asturiano	in Räucherspeck gebratene Forelle
trucha al estilo de Bierzo	in Schweineschmalz gebratene Forelle (León)
trucha a la judía	Forelle in Knoblauchsauce (León)
trucha a la llosa	auf glühender Schieferplatte gebratene Forelle (Katalonien)
trucha de mar, trucha marina	Meerforelle
trucha meunière	Forelle Müllerin Art
trucha a la molinera	Forelle Müllerin Art
trucha a la montañesa	in Wein gekochte Forelle
trucha a la navarra	mit Schinken gefüllte, gebratene Forelle
trucha rellena de jamón	mit Schinken gefüllte Forelle
trucha de río	Bachforelle
trucha trufada	Forelle mit Trüffeln
trucha de vivero	Zuchtforelle
trufado	getrüffelt
trufas	Trüffeln
trufas blancas	weiße Trüffeln
trufas de chocolate	Schokoladentrüffeln
trufas heladas	geeiste Schokoladentrüffeln
trufas negras	schwarze Trüffeln
truita (kat.)	1. Forelle; 2. Omelett

ttoro, ttorro (bask.) Suppe aus verschiedenen Fischen, Zwiebeln, Wein und Kräutern (Baskenland)

tuétano (Knochen-)Mark

tumbet (kat.) Art Auflauf aus Auberginen und Kartoffeln mit einer Sauce aus Tomaten und Paprikaschoten (Balearen)

Tupí pikanter Weichkäse aus Schafmilch mit Weinbrand oder Likör (katalanische Pyrenäen)

turbot, turbó (kat.) Steinbutt

turmas siehe criadillas

turnedó siehe tournedó

turrón typische Süßigkeit zu Weihnachten; der echte turrón besteht nur aus Mandeln und Honig, es gibt aber viele Varianten, z. B. aus Schokolade, Marzipan, Kokos, Eigelb etc.

turrón de Alicante harter turrón aus ganzen Mandeln und Honig

turrón de chocolate Schokoladen-turrón

turrón de guirlache turrón aus Mandeln und karamelisiertem Zucker

turrón de Jijona weicher turrón aus gemahlenen Mandeln und Honig

txangurro (bask.) Meerspinne (siehe centollo)

U

Ulloa milder galicischer Weichkäse

unidad ein Stück

untada mit Butter, Honig etc. bestrichenes Brot

untar bestreichen

Urbasa leicht scharfer Schafskäse aus Navarra

urogallo	Auerhahn
urta	andalusischer Name für Zahnbrasse
urta a la roteña	Zahnbrasse in Tomaten-Paprika-Wein-Sauce (Spezialität von Rota, Provinz Cádiz)
uva	Weintraube
uvas blancas	grüne bzw. helle Trauben
uvas crespas	Stachelbeeren
uvas espina	Stachelbeeren
uvas de mesa	Tafeltrauben
uvas moscatel	Muskatellertrauben
uvas negras	blaue Trauben
uvas sin semilla	kernlose Trauben
uvas de la suerte	»Glückstrauben« (12 Trauben, die man zu Silvester um Mitternacht ißt, eine bei jedem Glockenschlag)

V

vaca	Kuh, Rind(fleisch)
vaca a la moda	Rinderschmorbraten in Rotwein-sauce, Boeuf à la mode
vaina	1. Hülse, Schote; 2. regional: grüne Bohne
vainas a la bilbaína	grüne Bohnen mit Kartoffeln und Tomatensauce
vainilla	Vanille
Valdeteja	etwas scharfer Ziegenkäse aus der gleichnamigen Gegend in der Provinz León
al vapor	gedämpft, im Dampf gegart
variado	verschieden, gemischt
vegetal	pflanzlich
vegetariano	vegetarisch
venado	Hirsch

vendreska (bask.)	siehe ventrecha
ventrecha (de bonito)	Bauchfleisch des Thunfischs (siehe auch mendreska)
verdel	baskischer Name für Makrele (caballa)
verderol (kat.)	Grünling (Pilz)
verdura(s)	Gemüse
verduras de temporada	Gemüse der Saison
vichyssoise	kalte Kartoffel-Lauch-Cremesuppe
vichyssoise de aguacate	kalte Avocadocreme
vieiras	Jakobsmuscheln, Pilgermuscheln (Galicien)
vieiras al Albariño	Jakobsmuscheln in Albariño-Wein
vieiras al estilo de Vigo	Muschelbällchen in der Schale serviert
vieiras a la gallega	mit Knoblauch und Zwiebel überbackene Jakobsmuscheln
vieiras en hojaldre	Jakobsmuscheln in Blätterteig
vieiras al horno	überbackene Jakobsmuscheln
vieiras al jerez	Jakobsmuscheln in Sherrysauce
vieja	Schleimfisch (typisch auf den Kanarischen Inseln)
vieja sancochada	gekochter Schleimfisch
viejas con papas arrugadas	Schleimfisch mit »runzeligen« Kartoffeln (in stark gesalzenem Wasser gekocht, bis die Schale runzelig wird)
vientre de cerdo	Schweinebauch
villagodio	riesiges Rinder- oder Ochsenkotelett, auf dem Holzkohlengrill gebraten (Baskenland)
Villalón	siehe queso de Villalón
a la Villeroi	in dicker Bechamelsauce gewälzt, paniert und gebraten (z. B. Hühnerbrust)
vinagre	Essig

vinagre de cava	Sektessig
vinagre al estragón	Estragonessig
vinagre de jerez	Sherryessig
vinagre de manzana	Apfelessig
vinagre de vino	Weinessig
vinagreras	Öl- und Essigständer, Menage
vinagreta	Vinaigrette-Sauce
virutas de (jamón) serrano	»Späne« von rohem Schinken (ganz fein geschnittene Scheibchen)
vitaminas	Vitamine
a la vizcaína	nach Art der Biskaya; Zubereitungsart von Fischen mit Zwiebeln, Knoblauch, Petersilie und getrockneten Paprikaschoten (Baskenland)
vol-au-vent oder volován	Blätterteigpastete
a voluntad	nach Belieben, soviel man mag

X

xai (kat.)	Lamm(fleisch)
xató (kat.)	Salat aus rohem Stockfisch, Thunfisch, Sardellen, grünen und schwarzen Oliven und Endivie mit romesco-Sauce (s. d.) (Spezialität von Vilanova i la Geltrú, Provinz Barcelona)
xolís (kat.)	Hartwurst aus Lérida (kat. Lleida), ähnlich wie fuet (s. d.)
xoubas (galic.)	galicischer Name für Sardellen
xuxo (kat.)	mit Creme gefülltes Ölgebäck

Y

yema (de huevo)	Eigelb, Eidotter
yemas	Konfekt aus Eigelb und Zucker
yemas de coco	Kokoskonfekt
yemas de San Leandro	Eigelbkonfekt, mit Sirup überzogen (Andalusien)
yemas de Santa Ursula	Konfekt aus Eidottern (Jaén)
yemas de Santa Teresa	kandierte Eidotter (Ávila)
yogur(t)	Joghurt

Z

zamburiña	bunte Kammuschel (der Pilgermuschel ähnlich, auch wie diese zubereitet)
zanahorias	Möhren, Karotten
zanahorias en escabeche	marinierte Möhren
zanahorias glaseadas	glasierte Möhren
zanahorias a la montañesa	Möhren und Rote Bete mit Schinken, Paprikawurst und grünem Salat
zancarrón	Kalbsschulter
zarajo	Wurst aus Lamminnereien (Provinz Cuenca)
zarangollo	geschmorte Zucchini und Zwiebeln (Murcia)
zarzamoras	Brombeeren
zarzuela	Gericht aus verschiedenen Fischen und/oder Meeresfrüchten, mit Zwiebeln, Knoblauch, Tomaten und Petersilie in Öl geschmort
zarzuela marinera	verschiedene Fische und Meeresfrüchte in Tomaten-Zwiebel-Knoblauch-Sauce

zarzuela de mariscos	Gericht aus gebratenen Meeresfrüchten
zarzuela de pescado	verschiedene gebratene Fische
zarzuela de verduras	gemischtes junges Gemüse
zoque	Variante des gazpacho (s. d.) mit Tomaten, Knoblauch, grünen Paprikaschoten, Brot, Öl und Essig (Andalusien)
zorzal	Drossel
zorzal real	Wacholderdrossel, Krammetsvogel
zurracapote	in Rotwein gekochtes Dörrobst (Baskenland)
zurrucutuna (de bacalao)	Art Stockfischragout in Knoblauch-Brot-Sauce (Baskenland)

Trinkvokabular

Alles, was Spanien an Getränken zu bieten hat – und das ist weit mehr als Sherry – finden Sie im folgenden Trinkvokabular.

A

abocado	leicht süß (Wein)
abridor	Flaschenöffner
acidez	Säuregehalt
ácido	säuerlich
afrutado	fruchtig (Wein)
agua	Wasser
agua dulce	Süßwasser
agua del grifo	Leitungswasser
agua de manantial	Quellwasser
agua mineral con gas	Mineralwasser mit Kohlensäure
agua mineral sin gas	Mineralwasser ohne Kohlensäure
agua no potable	kein Trinkwasser
agua potable	Trinkwasser
aguardiente	Branntwein, Schnaps
aguardiente de arroz	Arrak
aguardiente blanco	Klarer
aguardiente de cereales	Getreidebranntwein, Korn
aguardiente de hierbas	Kräuterschnaps
aguardiente de orujo	Tresterbranntwein (galicische Spezialität)
Airén	weiße Traubensorte, liefert die Weißweine von Valdepeñas und La Mancha
ajenjo	Absinth
Albariño (D. O. Rias Baixas)	galicischer Spitzenwein aus der gleichnamigen Traube (Riesling-Typ); fruchtige, strohfarbene Weißweine
alcohol	Alkohol
alcohólico	alkoholisch, alkoholhaltig

Alella D. O.	katalanische Qualitätsweine aus dem gleichnamigen Ort nördlich von Barcelona; überwiegend blaßfarbene, aromatische Weißweine (trocken und süß), weniger Rot- und Roséweine
Alicante D. O.	Weinbaugebiet in der gleichnamigen Provinz an der Levante-Küste, liefert robuste, sehr alkoholreiche Rotweine aus der Monastrell-Traube, aromatische Rosés und vino de doble pasta (s. d.)
Almansa D. O.	kleines Weinbaugebiet in der Provinz Albacete: dunkle, körperreiche Rotweine, weniger Rosés und Klarettweine
almendrada	Mandelmilch
Aloque	trockener Rotwein aus Valdepeñas (s. d.)
Alto Turia	Teilgebiet der D. O. Valencia; trokkene, sehr feine, frische Weißweine
Amandi	vorzüglicher galicischer Klarettwein aus dem gleichnamigen Ort in der Provinz Lugo
amontillado	bernsteinfarbener, trockener Sherry mit Nußgeschmack (16–18°)
Ampurdán-Costa Brava D. O.	nördlichstes katalanisches Weinbaugebiet nahe der französischen Grenze (Provinz Gerona). Liefert vor allem spritzige, frische Roséweine mit charakteristischem Aroma; auch kirschrote, samtige Rotweine, die jung getrunken werden (vi novell), sowie Süß- und Likörweine
anís	Anislikör
anisado	Anisschnaps
anisete	süßer Anisschnaps
añada	Jahrgang (beim Wein)
añejamiento	Altern, Reifen des Weins

añejo	Wein mit langjähriger Reifung in Faß oder Flasche
aperitivo	Aperitif (in Spanien nicht nur das Getränk, sondern auch das Knabberzeug, das man dazu ißt)
Arganda	Weinregion in der Provinz Madrid mit körperreichen, etwas herben Rotweinen
aromático	aromatisch
arrope	durch Kochen von Most gewonnener Sirup, wird bestimmten Süßweinen und Sherryarten zugesetzt
aterciopelado	samtig (Wein)

B

Baja Montaña	Unterregion der D. O. Navarra, erzeugt fast violettfarbene, sehr fruchtige Rotweine und vorzügliche Rosés
barra libre	Getränke frei
barrica	Weinfaß
barrica bordelesa	Weinfaß mit 225 l Fassungsvermögen
barrica de roble	Eichenfaß
barril	Faß
batido	Milchmixgetränk, Milch-Shake
batido de chocolate	Schokoladenmilch
batido de fresa	Erdbeermilch
batido de vainilla	Vanillemilch
beber	trinken
bebida	Getränk
bebida alcohólica	alkoholisches Getränk
bebida no alcohólica	nichtalkoholisches Getränk, alkoholfreies Getränk

bebida larga	Long Drink
bebida refrescante	Erfrischungsgetränk
Binisalem D.O.	körperreiche Rotweine mit intensivem Bukett aus dem gleichnamigen Ort auf der Insel Mallorca
bíter	Bitter (Aperitif)
blanco y negro	eine Art Eiskaffee
Bobal	kleine rote Traube, liefert die dunklen Rotweine aus Utiel-Requena (s. d.)
bodega	Weinkeller, Weinhandlung (oft mit Imbißmöglichkeit)
bombona	große Korbflasche, Glasballon
Borja	siehe Campo de Borja
bota	1. lederner Trinkbeutel in Form einer Feldflasche; 2. typisches Weinfaß (500 l) zur Reifung des Sherrys
botella	Flasche
botijo	bauchiges Trinkgefäß aus Ton
bouquet	Bukett, Blume (des Weins)
brandy	Weinbrand
brindar	anstoßen (beim Trinken), einen Trinkspruch ausbringen
brindis	Trinkspruch, Toast
brut	sehr trocken (Sekt)
brut de brut	besonders trocken (Sekt)
brut nature	sehr trockener Sekt ohne Zuckerzusatz
Bullas D.O.	Ort und Weinbaugebiet in der Provinz Murcia, produziert überwiegend Rotweine

C

Cacabelos	vorzügliche Tischweine aus der Region El Bierzo (Provinz León)
café	Kaffee
café americano	doppelter Kaffee
café cortado	kleiner Kaffee mit etwas Milch
café descafeinado	koffeinfreier Kaffee
café exprés	Espresso
café instantáneo	Pulverkaffee, Instantkaffee
café irlandés	Irish Coffee
café con leche	Milchkaffee (mit viel Milch)
café solo	kleiner schwarzer Kaffee
caldo	gelegentlich Bezeichnung für Wein (wörtlich: Brühe)
calimocho	Wein mit Cola
Calisay	berühmter katalanischer Kräuterlikör aus einer Varietät des Chinarindenbaums (Cinchona calisaya)
Camp de Tarragona	Unterregion der D. O. Tarragona, erzeugt hauptsächlich kräftige Weißweine
Campo de Borja D. O.	aragonisches Weinbaugebiet westlich von Saragossa. Vorzügliche, fruchtige, ausgewogene Rot- und Roséweine aus der Garnacha-Traube
caña	1. kleines Glas Bier; 2. in Andalusien: schmales hohes Weinglas
Cañamero	Weinort in der Provinz Cáceres (Estremadura), erzeugt vollmundige, trockene Weißweine
Cantueso	Kräuterlikör aus der gleichnamigen Pflanze, einer Lavendelart. Besonders beliebt in Alicante und Murcia

cap (de frutas)	eine Art Bowle
carajillo	schwarzer Kaffee mit einem Schuß Weinbrand oder Anislikör
Cariñena D. O.	aragonische Spitzenweine aus dem gleichnamigen Ort südlich von Saragossa. Robuste, sehr aromatische, purpurfarbene Rotweine aus der Garnacha-Traube, die zu den stärksten Spaniens gehören (bis 18°), auch gute Rosés und rancios (s. d.)
carta de vinos	Weinkarte
catavino	Probierglas
cava	offizielle Bezeichnung für die nach dem Champagnerverfahren (méthode champenoise), d. h. mit Flaschengärung erzeugten spanischen Schaumweine. Über 90% kommen aus der katalanischen Region El Penedès. Hauptort: Sant Sadurní d'Anoia
cazalla	sehr trockener Anisschnaps aus dem gleichnamigen Ort in der Provinz Sevilla
Cebreros	gute Tischweine aus dem gleichnamigen Ort der Provinz Ávila, besonders in Madrid viel getrunken
Cencibel	rote Traube, liefert u. a. die Qualitätsweine von La Mancha und Jumilla
cervecería	Bierlokal
cerveza	Bier
cerveza de barril	Faßbier
cerveza de malta	Malzbier
cerveza negra	dunkles Bier
cerveza Pilsen	Pilsener
cerveza de presión	Faßbier
cerveza rubia	helles Bier

chacolí, bask. txacolí	säuerliche, leichte Weiß- und Rotweine aus dem Baskenland, die jung getrunken werden
champán, champaña	eigentlich nur der französische Champagner, umgangssprachlich noch häufig für Schaumwein gebräuchlich (siehe cava)
champañería	Sektausschank
chato	1. niedriges Weinglas; 2. Gläschen Wein
Cheste	Weinort in der Provinz Valencia mit einfachen weißen Tischweinen
Chinchón	einer der besten spanischen Anisliköre, süß oder trocken, aus dem gleichnamigen Ort in der Provinz Madrid
chocolate	Schokolade, Trinkschokolade
chupito	Schnäpschen
Cigales	berühmte Klarettweine aus dem gleichnamigen Ort in der Provinz Valladolid
clara	umgangssprachlich für Bier mit Limonade (Radlermaß oder Alsterwasser)
clarete	Klarettwein (aus weißen und blauen Trauben mit zum Teil mitvergorenen Trestern)
Clariano	Unterregion der D. O. Valencia, erzeugt leichte, trockene Rot- und Weißweine
cóctel	Cocktail
Colmenar de Oreja	kleine Weingegend in der Provinz Madrid, erzeugt hauptsächlich gute rote Tischweine und einen leichten Weißwein
combinado	Cocktail
Conca de Barberà D. O.	kleines katalanisches Weinbaugebiet in der Provinz Tarragona mit überwiegend aromatischen Rosés und frischen, leichten Weißweinen

Condado de Huelva D. O.	Weinbaugebiet in der andalusischen Provinz Huelva, das 17 Orte umfaßt. Gute weiße Tischweine und vorzügliche Likörweine: der strohgelbe, leichtere Condado Pálido und der dunkle, schwere Condado Viejo
Condado de Tea	Teilgebiet der D. O. Rias Baixas (Galicien), erzeugt weiße Qualitätsweine und Klarettweine
cono	großes Holzfaß in Kegelstumpfform zur Lagerung von Wein
coñac	eigentlich nur der französische Cognac, umgangssprachlich aber allgemein für Weinbrand gebräuchlich (offiziell brandy)
copa	Stiel- oder Kelchglas
copa de coñac	Glas Cognac
copa de vino	Glas Wein
ir de copas, ir de copeo	eine Runde durch die Kneipen machen
cortado	kleiner Kaffee mit etwas Milch
corto	1. kleines Glas Bier (½ caña); 2. besonders starker kleiner Kaffee, Art Espresso
Costers del Segre D. O.	katalanisches Weinbaugebiet in der Provinz Lérida (kat. Lleida) mit den Unterregionen Raimat, Artesa, Vall de Riu Corb und Les Garrigues. Sehr feine, aromatische Weißweine, elegante Rotweine und charaktervolle Schaumweine
cream	eine süße Sherryart
crema	sehr süßer Likör
crema de cacao	Kakaolikör
crema de menta	Pfefferminzlikör
cremat	Getränk aus flambiertem Branntwein mit Rum oder Likör und Gewürzen, eine katalanische Spezialität

criadera	bei der Jerez-Erzeugung Bezeichnung für die Fässer, aus denen der Wein zur Auffüllung der solera (s. d.) entnommen wird
crianza	die Lagerung und Reifung eines Weins
crianza en roble	die Lagerung und Reifung eines Weins in Eichenfässern
Cuarenta y tres	süßer, gelblicher Likör mit Vanillegeschmack
cuba libre	Cuba libre (Coca-Cola mit Rum)
cubata	umgangssprachlich für Cuba libre
cubierto	dunkelrot (Wein)
cubitos de hielo	Eiswürfel
cuerpo	Körper (des Weins)
de mucho cuerpo	körperreich (Wein)
cup	siehe cap

D

damajuana	große Glas-, Korbflasche
degustación de vinos	Weinprobe
Denominación de Origen (D. O.)	Herkunftsbezeichnung für Qualitätsweine aus einem genau abgegrenzten Anbaugebiet. D. O.-Weine unterliegen strengen Vorschriften hinsichtlich der Rebsorten, Anbaumethoden, Höchstertrag, Mindestalkoholgehalt etc.
descafeinado	koffeinfrei
destornillador	Wodka mit Orangensaft
digestivo	Likör oder Schnaps, den man nach dem Essen trinkt
D. O.	siehe Denominación de Origen
dulce	süß; Süßwein

E

El Bierzo D.O.	Weinbaugebiet in der Provinz León an der Grenze zu Galicien. Erzeugt rubinrote, geschmeidige Rotweine, fruchtige, ausgewogene Weißweine und vorzügliche Rosés
El Rosal	Teilgebiet der D. O. Rias Baixas (Galicien), erzeugt den typischen jungen, prickelnden galicischen Weißwein
encabezar	mit stärkerem Wein oder Alkohol verschneiden
espumoso	1. moussierend; 2. siehe vino espumoso
estomacal	Magenbitter, Magenlikör

F

Falset	Unterregion der D. O. Tarragona mit alkoholreichen, samtigen Rotweinen und trockenen Weißweinen
Felanitx	Weinbauzone mit dem gleichnamigen Ort auf Mallorca, liefert überwiegend leichte Roséweine
fino	trocken-herber Sherry, strohfarben, mit Mandelaroma
Fondillón	berühmter Likörwein aus der Provinz Alicante

G

Garnacha	eine der meistangebauten Traubensorten, rot und weiß. Hauptanbaugebiet: Aragonien
garrafa	Korbflasche, Karaffe

gaseosa	Erfrischungsgetränk aus gesüßtem, mit Kohlensäure versetztem Wasser. Auch mit Zitrone- und Orangegeschmack
genciana	Enzianlikör
ginebra	Gin
Godello	weiße Traubensorte, die dem galicischen Ribeiro (s. d.) das typische frische Aroma verleiht
Graciano	rote Traube. Hauptanbaugebiet: La Rioja und Navarra
graduación alcohólica	Alkoholgehalt (des Weins)
Gran Reserva	Bezeichnung für hervorragende Qualitätsweine mit mindestens 5 Jahren Lagerung, davon 2 in Eichenfässern (bei Weißweinen 4 Jahre, davon 6 Monate im Faß)
granizado	Erfrischungsgetränk mit zerstoßenem Eis
granizado de café	Kaffee mit zerstoßenem Eis
granizado de limón	Zitronensaft mit zerstoßenem Eis
granizado de naranja	Orangensaft mit zerstoßenem Eis
Granvas	Schaumweine, bei denen die zweite Gärung nicht in der Flasche, sondern in großen Tanks erfolgt (vgl. cava)
güisqui	gelegentlich Schreibweise für Whisky

H

horchata de almendras	Mandelmilch
horchata de chufa	Erdmandelmilch

I

infusión	Kräutertee
infusión de manzanilla	Kamillentee
infusión de menta	Pfefferminztee
infusión de tila	Lindenblütentee

J

jarabe	Sirup
jarra	Kanne, Krug, Karaffe
Jerez D. O.	Sherry. Das Anbaugebiet liegt in Andalusien (Provinz Cádiz). Hauptorte: Jerez de la Frontera, Puerto de Santa María und Sanlúcar de Barrameda. Wichtigste Rebsorte: Palomino fino. Man unterscheidet folgende Arten: amontillado, fino, oloroso, palo cortado, raya und manzanilla (s. d.)
Jerez dulce	süßer Sherry
Jerez medium	halbtrockener Sherry (siehe medium)
Jerez seco	trockener Sherry
jugo de tomate	Tomatensaft
Jumilla D. O.	Weinbaugebiet zwischen Albacete und Murcia mit dem gleichnamigen Ort. Erzeugt robuste, sehr alkoholreiche Rotweine aus der Monastrell-Traube

K

kirsch	Kirschwasser

L

Lágrima	feiner, gold- bis bernsteinfarbener Süßwein aus Málaga. Besonderheit: der Most wird ohne mechanische Mittel, nur durch den Druck der Trauben aus dem sogenannten Vorlauf gewonnen
leche	Milch
leche caliente	warme Milch
leche de coco	Kokosmilch
leche condensada	Kondensmilch
leche descremada (oder desnatada)	entrahmte Milch
leche entera	Vollmilch
leche fresca	Frischmilch
leche merengada	süße Milch mit Eischnee, Zimt und Zitrone, halbgefroren
leche pasteurizada	pasteurisierte Milch
leche semidescremada (oder semidesnatada)	fettarme Milch
leche uperizada	H-Milch
licor	Likör
licor de brandy	Branntweinlikör
licor de café	Kaffeelikör
licor de canela	Zimtlikör
licor de frutas	Fruchtsaftlikör
licor de hierbas	Kräuterlikör
licor de menta	Pfefferminzlikör
licor de naranja	Orangenlikör
licor de nueces verdes	Likör aus grünen Walnüssen
licor de whisky	Whiskylikör
ligero	leicht

limonada	Limonade
litro	Liter
litrona	Literflasche Bier

M

Macabeo	eine der drei Traubensorten, aus denen die katalanischen Schaumweine des Penedès gewonnen werden
Made(i)ra	Madeira(wein)
Málaga D. O.	Herkunftsbezeichnung und Oberbegriff für die berühmten Süßweine aus der gleichnamigen andalusischen Provinz (Muskateller, Pedro Ximénez, Lágrima etc.)
Malvasía	Traubensorte, die einen Großteil der weißen Rioja-Weine liefert, auch Name von Dessertweinen, z. B. aus Sitges (Katalonien) und von der kanarischen Insel Lanzarote
La Mancha D. O.	das mit Abstand größte Weinbaugebiet Spaniens (480000 ha) mit 43% der gesamten spanischen Weinerzeugung und 65% aller Weißweine. Typisch sind die frischen, strohgelben, leichten Weißweine, überwiegend aus der Airén-Traube, auch gute Rotweine, die jung getrunken werden
Manchuela	kastilisches Weinbaugebiet (Provinz Cuenca) mit provisorischer Herkunftsbezeichnung, liefert ausgewogene, trockene Tischweine
manzanilla	1. sehr trockener, blasser Sherry, insbesondere aus Sanlúcar de Barrameda (Provinz Cádiz); 2. Kamillentee

mate	Mate(tee)
media botella	eine halbe Flasche
medium	nichtoffizielle Bezeichnung für einen mit Süßwein verschnittenen, überwiegend für den Export bestimmten halbtrockenen Sherry
Méntrida D. O.	kastilisches Weinbaugebiet im Norden der Provinz Toledo. Sehr dunkle, körperreiche Rotweine mit hohem Gerbstoffgehalt aus der Garnacha-Traube, sowie leichtere Rosés, die jung getrunken werden
mistela	mit Alkohol angereicherter Traubenmost
Monastrell	dunkelrote Traube, die schwere, alkoholreiche, zum Verschnitt geeignete Weine liefert
Montánchez	Weinort in der Provinz Cáceres (Estremadura), erzeugt leicht getrübte Aperitifweine mit ausgeprägtem Sherryaroma
Monterrey	siehe Valle de Monterrey
Montilla-Moriles D. O.	sherryähnliche Weine aus den gleichnamigen Orten in der Provinz Córdoba. Die Klassifizierung ist dieselbe wie beim Jerez (s. d.). Der Most dieser Weine wird jedoch nicht in Eichenfässern, sondern in Tongefäßen gegoren.
Moscatel	Muskatellerwein aus der gleichnamigen Traube. Hauptanbaugebiet: Málaga
mosto	Most

N

naranjada	Orangeade
Navalcarnero	Weinort in der Provinz Madrid, erzeugt kräftige, etwas herbe, rote Konsumweine, die jung getrunken werden
Navarra D. O.	Weinbaugebiet im oberen Ebrotal mit 5 Unterregionen: Ribera Baja, Ribera Alta, Valdizarbe, Tierra de Estella und Baja Montaña. Kräftige, sehr aromatische Rotweine und fruchtige Rosés

O

oloroso	dunkler, sehr aromatischer Sherry, trocken oder leicht süß
Oporto	Portwein
orujo	Trester; auch kurz für aguardiente de orujo, Tresterbranntwein, eine galicische Spezialität

P

pacharán	Schlehenlikör aus Navarra
paja	Strohhalm, Trinkhalm
Pajarete	feiner, bernsteinfarbener Málaga-Wein aus der Pedro-Ximénez-Traube, trocken oder halbtrocken, wird bestimmten Sherryarten zugesetzt
Pajarilla	Bezeichnung für die Weißweine aus Cariñena (s. d.)
palo	süßer Likör aus dem Samen des Johannisbrotbaums (algarrobo), wird meist mit Gin vermischt. Spezialität von Mallorca

palo cortado	Sherry zwischen amontillado (s. d.) und oloroso (s. d.). Je nach Alter und Körper werden dos, tres oder cuatro palos unterschieden
Palomino (fino)	weiße Traube, die 95% aller Sherryweine liefert
Parellada	eine der drei Traubensorten, die die katalanischen Schaumweine aus dem Penedès liefern
Pedro Ximénez	dunkler, samtiger Süßwein aus Málaga, auch Name der Traube, aus dem er gewonnen wird
Penedès D. O.	wichtigstes katalanisches Weinbaugebiet zwischen Barcelona und Tarragona. Hauptort: Vilafranca del Penedès. Erzeugt überwiegend blaßfarbene, frische, aromatische Weißweine, einige milde Rosés, weniger Rotwein. Berühmt durch die Schaumweine (mehr als 90% der gesamtspanischen Erzeugung), vor allem aus Sant Sadurní d'Anoia (vgl. cava)
piña colada	Getränk aus Rum und Ananassaft
pitarra	typischer Wein aus Estremadura
poleo	Kräutertee aus einer Minzart (Polei)
ponche	Getränk aus mit Kräutern gewürztem Weinbrand und evt. Orange
ponche caliente	Punsch
porrón	gläsernes Trinkgefäß mit langer Tülle, aus der man den Wein direkt in den Mund fließen läßt
Priorato D. O.	kleines katalanisches Weinbaugebiet in der Provinz Tarragona mit sehr dunklen, samtigen, körperreichen Rotweinen, die wegen ihres hohen Alkoholgehalts (bis 18°) gern zum Verschnitt benutzt werden. Auch Süßweine und rancios (s. d.)

Q

queimada	grogähnliches heißes Getränk aus flambiertem Tresterschnaps (orujo), eine galicische Spezialität
quinto	kleine Flasche Bier

R

rancio	schwere, alte, goldfarbene Weißweine mit intensivem Aroma, vor allem aus Katalonien (Priorato, Tarragona, Gerona) und Aragonien (Cariñena)
ratafia	katalanischer Likör aus Branntwein, Kräutern und grünen Walnüssen
raya	Sherryart, dem oloroso (s. d.) ähnlich, aber weniger bukettreich und aromatisch
refresco	Erfrischungsgetränk
Reserva	Bezeichnung für Qualitätsweine mit mindestens dreijähriger Reifung, davon ein Jahr in Eichenfässern (bei Weißweinen 2 Jahre, davon 6 Monate im Faß)
resoli	Likör aus Branntwein, Kaffee und Zimt (Spezialität aus Cuenca)
Rias Baixas D. O.	Herkunftsbezeichnung (seit 1988), die drei Anbaugebiete in der galicischen Provinz Pontevedra umfaßt: Valle del Salnés, Condado de Tea und El Rosal (s. d.), mit den typischen leichten, frischen galicischen Weißweinen. Auch der berühmte Albariño (s. d.) kommt von hier

Ribeiro D. O.	galicisches Weinbaugebiet in der Provinz Orense. Hauptort: Ribadavia. Erzeugt den gleichnamigen typischen Weißwein, leicht, fruchtig, etwas säuerlich. Besonderheit: er wird aus Porzellantassen getrunken
Ribera Alta	Unterregion der Herkunftsbezeichnung Navarra. Robuste, granatfarbene Rotweine aus der Garnacha-Traube. Hauptort: Olite
Ribera Baja	Unterregion der Herkunftsbezeichnung Navarra. Milde, fruchtige Rot-, Weiß- und Roséweine. Hauptort: Tudela
Ribera del Duero D. O.	ausgedehntes kastilisches Weinbaugebiet im Duero-Tal. Hervorragende rubinrote, samtige Rotweine von intensivem Aroma und erfrischende, fruchtige Klarettweine, die zu den besten Spaniens gehören, sowie der Spitzenwein Vega Sicilia (s. d.)
Rioja D. O.	weltberühmte Spitzenweine aus der gleichnamigen Region am Oberlauf des Ebro mit drei Unterregionen: Rioja Alta, Rioja Baja und Rioja Alavesa (s. d.)
Rioja Alavesa	die kleinste der drei Rioja-Zonen, in der Provinz Álava, erzeugt hauptsächlich frische, geschmeidige Rotweine aus der Tempranillo-Traube, die jung getrunken werden
Rioja Alta	ausgedehnteste der drei Rioja-Zonen in der Provinz Logroño. Hauptorte: Haro, Cenicero, Logroño. Von hier kommen die berühmten Reservas und Gran Reservas (s. d.), die typischen feinen, ausgewogenen Rotweine. Auch junge Weißweine und einige Rosés

Rioja Baja	die Rotweine dieser Zone sind fruchtig und körperreich, die Weiß- und Roséweine jung und spritzig
ron	Rum
rosado	Roséwein, wird aus roten oder einer Mischung von roten und weißen Trauben gewonnen. Im Unterschied zum clarete (s. d.) werden die Trester vor der Gärung entfernt
rosoli	siehe resoli
Rueda D. O.	kastilisches Weinbaugebiet im Süden der Provinz Valladolid mit dem gleichnamigen Ort. Erzeugt vorzügliche, frische, sehr aromatische Weißweine sowie Likörweine
ruedo	leichte, trockene, blasse Weißweine aus der Montilla-Moriles-Zone (s. d.)

S

sangría	eine Art Rotwein-Bowle
Sant Sadurní d'Anoia	Ort in der Provinz Barcelona. Zentrum der katalanischen Schaumweinproduktion (siehe cava)
seco	trocken
semidulce	halbsüß
semiseco	halbtrocken
sidra	Apfelwein, Spezialität von Asturien
soda	Sodawasser
sol y sombra	Getränk aus Weinbrand und Anislikör
sommelier	Weinkellner
suave	mild
suizo	Kakao mit Sahne

T

Tacoronte-Acentejo D.O.	Weinbaugebiet auf Teneriffa mit würzigen, körperreichen Rotweinen
Tarragona D. O.	katalanisches Weinbaugebiet mit den Unterregionen Camp de Tarragona und Falset, erzeugt überwiegend leichte, fruchtige Weißweine und berühmte Dessert- und Likörweine sowie rancios (s. d.) und, in jüngster Zeit, auch vorzügliche Rosés
té	Tee
té con leche	Tee mit Milch
té con limón	Tee mit Zitrone
té verde	grüner Tee
a temperatura ambiente	raumtemperiert (Wein)
Tempranillo	wichtigste Traubensorte der roten Rioja-Weine
Terra Alta D. O.	katalanisches Weinbaugebiet im Westen der Provinz Tarragona mit robusten, körperreichen, etwas herben Weiß- und Rotweinen, auch Süßweine und rancios (s. d.)
Tierra de Barros	Weinbaugebiet in Estremadura (Provinz Badajoz) mit provisorischer Herkunftsbezeichnung, liefert insbesondere leichte, trockene Weißweine. Hauptort: Almendralejo
Tierra de Estella	Unterregion der D. O. Navarra. Rubin- oder granatrote, ausgewogene Rotweine und hervorragende fruchtige Rosés
tila	Lindenblütentee
tinaja	großes bauchiges Tongefäß zur Aufbewahrung von Flüssigkeiten und zur Gärung und Reifung von Wein

tintilla	süßer Rotwein aus der Provinz Cádiz
tintillo	Bezeichnung für einen leichten Rotwein
tinto	Rotwein
tintorro	familiäre Bezeichnung für einen einfachen, starken Rotwein
tisana	Kräutertee
tonel	Faß
tónica	Tonikwasser
Toro D. O.	Weinbaugebiet in der Provinz Zamora (Kastilien) mit dem gleichnamigen Ort. Erzeugt tiefrote, vollmundige, fruchtige Rotweine von hervorragender Qualität
trifásico	Kaffee, Milch und ein Schuß Weinbrand oder Gin
Triple seco	ein Orangenlikör
txacolí	siehe chacolí

U

Utiel-Requena D. O.	Weinbaugebiet in der Provinz Valencia mit den beiden gleichnamigen Orten. Erzeugt kirschrote, ausgewogene, körperreiche Rotweine, leichte, helle Rosés mit feinem Bukett, sowie vinos de doble pasta (s. d.)

V

Valdeorras D. O.	galicisches Weinbaugebiet in der Provinz Orense. Liefert feine, aromatische Weißweine aus der Godello-Traube und frische, fruchtige Rotweine

Valdepeñas D. O.	ausgedehntes kastilisches Weinbaugebiet in der Mancha (Provinz Ciudad Real) mit dem gleichnamigen Ort. Junge, frische Weißweine, aromatische Rotweine, sowie leichte, süße Klarettweine, die als Aperitif beliebt sind.
Valdizarbe	Unterregion der D. O. Navarra, südlich von Pamplona. Vorzügliche Roséweine und rubin- bis ziegelrote Rotweine
Valencia D. O.	Weinbaugebiet in der gleichnamigen Provinz mit drei Unterregionen: Alto Turia, Valentino und Clariano (s. d.)
Valentino	Unterregion der Herkunftsbezeichnung Valencia, erzeugt trockene und halbtrockene Weißweine, vor allem aber Likörweine und rancios (s. d.)
Valle de Monterrey	galicisches Weinbaugebiet in der Provinz Orense mit provisorischer Herkunftsbezeichnung, erzeugt die stärksten galicischen Weine, hauptsächlich kräftige Rotweine
vaso	Glas
un vaso de agua	ein Glas Wasser
un vaso de vino	ein Glas Wein
Vega Sicilia	schwerer alter Rotwein, samtig und mit intensivem Fruchtgeschmack, aus Valbuena de Duero (Provinz Valladolid), fällt unter die D. O. Ribera del Duero
vendimia	Weinlese, Weinernte
venencia	Stechheber
Verdejo	weiße Traube, die den weißen Qualitätswein von Rueda liefert
vermut	Wermut
Vichy Catalán	bekannteste Mineralwassersorte mit Kohlensäure (aus Katalonien)

vid	Rebe
viña, viñedo	Weinberg, Rebfläche
vino	Wein
vino de aguja	leicht perlender, junger Wein, z. B. der galicische Ribeiro
vino de añada	Jahrgangswein
vino añejo	alter Wein, der ein qualitativ günstiges Stadium der Reifung und des Alterns erreicht hat (mindestens 3 Jahre)
vino de barril	Wein vom Faß
vino blanco	Weißwein
vino caliente	Glühwein
vino de la casa	offener Wein
vino corriente	einfacher Tischwein
vino de cosecha propia	Eigenbauwein
vino de crianza	Wein, der eine mehrjährige Lagerung und Reifung in Holzfässern und/oder in der Flasche durchgemacht hat
vino de doble pasta	nach einem bestimmten Verfahren mit der doppelten Menge an Traubenmasse vergorener starker Rotwein, mit dem schwächere Weine verschnitten werden. Haupterzeugungsgebiete: Alicante und Valencia
vino dulce	Süßwein
vino embotellado	Flaschenwein
vino encabezado	mit stärkerem Wein oder Alkohol verschnittener Wein
vino enverado	aus nicht ganz gereiften Trauben (uva agraz) gewonnener säuerlicher Wein, wie z. B. der baskische chacolí (s. d.)
vino espumoso	Schaumwein

vino generoso	besonders alkoholhaltiger (bis 23°), edler Wein
vino de gran reserva	siehe Gran Reserva
vino a granel	offener Wein
vino de Jerez	Sherry
vino joven	junger Wein
vino de lágrima	siehe Lágrima
vino ligero	leichter Wein
vino de Made(i)ra	Madeira(wein)
vino de marca	Markenwein
vino de mesa	Tischwein
vino moscatel	Muskateller(wein)
vino nuevo	neuer Wein, junger Wein
vino de Oporto	Portwein
vino del país	Landwein
vino de pasto	gewöhnlicher, leichter Tischwein
vino peleón	gewöhnlicher Wein minderer Qualität
vino de postre	Dessertwein
vino quinado	Wein mit Chininextrakt
vino rancio	siehe rancio
vino de la región	Landwein
vino de reserva	siehe Reserva
vino rosado	Rosé(wein)
vino seco	trockener bzw. herber Wein
vino semiseco	halbtrockener Wein
vino con sifón	Weinschorle
vino de la tierra	Landwein
vino tinto	Rotwein
vino verde	siehe vino de aguja

Viura	Traubensorte (in Katalonien Macabeo genannt), aus der die Weißweine von Rioja und Navarra gekeltert werden
vodka	Wodka

W

whisky	Whisky
whisky con soda	Whisky-Soda

X

Xarelo, kat. Xarel.lo	eine der drei Traubensorten, aus denen die katalanischen Schaumweine erzeugt werden

Y

Yecla D. O.	Weinbaugebiet im Norden der Provinz Murcia mit dem gleichnamigen Ort, erzeugt granatrote, schwere Rotweine und frische, fruchtige Rosés und Klarettweine.

Z

zumo	Saft
zumo de fruta	Obstsaft, Fruchtsaft
zumo de limón	Zitronensaft
zumo de manzana	Apfelsaft
zumo de naranja	Orangensaft
zumo de naranja natural	frisch gepreßter Orangensaft
zumo de pomelo	Grapefruitsaft
zumo de tomate	Tomatensaft
zumo de uva	Traubensaft

Eß- und Trinkvokabular deutsch-spanisch

Ein Eßdolmetscher für Spanien-Reisende ist ein Einweg-Dolmetscher: Man braucht ihn fast ausschließlich, damit er vom Spanischen ins Deutsche übersetzt. Das Umgekehrte kommt viel seltener vor, und das ist ganz natürlich: Die meisten Leute gehen nämlich in ein spanisches Restaurant, um sich von einer spanischen Speisekarte verführen zu lassen. Aber nur ganz selten versucht jemand, dem spanischen Koch zu erklären, wie man bayerische Semmelknödel anfertigt. Trotzdem haben wir ein deutsch-spanisches Eß- und Trinkvokabular zusammengestellt, damit Sie in der Lage sind, Wünsche zu äußern. Besonders beim Einkauf in Läden wird Ihnen dieses Wörterverzeichnis gute Dienste leisten.

A

Aal	anguila
Abendessen	cena
abkühlen	refrescar
Alkohol	alcohol
alkoholfrei	sin alcohol
alkoholisch	alcohólico
alt	viejo
Alufolie	papel de aluminio
Ananas	piña
Anchovis	anchoa
Anis	anís
Anislikör	anís
Aperitif	aperitivo
Apfel	manzana
Apfelkuchen	tarta de manzana, pastel de manzana
Apfelmus	puré de manzana, compota de manzana
Apfelsaft	zumo de manzana
Apfelsine	naranja
Apfelsinensaft	zumo de naranja
Apfelwein	sidra
Appetit	apetito
Aprikose	albaricoque
Aprikosenmarmelade	mermelada de albaricoque
Aroma	aroma
aromatisch	aromático
Artischocke	alcachofa
Artischockenböden	fondos de alcachofa
Artischockenherzen	corazones de alcachofa

Aschenbecher	cenicero
Aspik	aspic
Aubergine	berenjena
Aufguß(getränk)	infusión
Aufgußbeutel	bolsita de té
Auflauf	soufflé, suflé
Aufschnitt	fiambres, embutidos
aufwärmen	recalentar
ausgezeichnet	excelente
Austern	ostras
Auswahl	surtido
Avocado	aguacate

B

Bachforelle	trucha de río
backen	cocer, hornear
Bäckerei	panadería
Backobst	fruta pasa
Backofen	horno
Backpflaume	ciruela pasa
Backpulver	levadura en polvo
Backwerk	pastelería
Baiser	merengue
Ballaststoffe	fibra
Bambussprossen	brotes de bambú
Banane	plátano
Bandnudeln	tallarines, cintas
Bankett	banquete
Barbe	barbo
Barsch	perca

Basilikum	albahaca
Bauch	vientre
Béchamelsauce	(salsa) bechamel
Becher	vaso
Bedienung	servicio
Beefsteak	bistec
Beifuß	artemisa
Beilage	guarnición
mit Beilagen	con guarnición
Beize	adobo, escabeche
belegtes Brot	sandwich, canapé
besetzt	ocupado
Besteck	cubierto
bestellen	pedir, encargar
Bestellung	encargo
auf Bestellung	por encargo
Bier	cerveza
Bier, dunkles	cerveza negra
Bier, helles	cerveza rubia
Bier vom Faß	cerveza de barril
Bierlokal	cervecería
billig	barato
Birne	pera
Birnenkompott	compota de peras
Biskuit(kuchen)	bizcocho
bitte	por favor
bitter	amargo
Bittermandel	almendra amarga
Bitterorange	naranja amarga
blanchiert	blanqueado
Blatt	hoja

Blätterteig	hojaldre
Blaubeere	arándano
Blaukraut	(col) lombarda
Blumenkohl	coliflor
Blut	sangre
Blutorange	(naranja) sanguina
Blutwurst	morcilla
Bohnen	judías, alubias
Bohnen, dicke	habas
Bohnen, grüne	judías verdes, alubias tiernas
Bohnen, rote	alubias rojas
Bohnen, weiße	alubias, judías blancas
Bohnenkraut	ajedrea
Bonbons	caramelos
Borretsch	borraja
Bouillon	caldo
Bouillonwürfel	cubito de caldo
Brandteig	pasta lionesa
Branntwein	aguardiente
Bratapfel	manzana asada
braten	asar, freír
Braten	asado
Brathähnchen	pollo asado
Bratkartoffeln	patatas salteadas
Bratpfanne	sartén
Bratspieß	asador, brocheta, espeto
Bratwurst	salchicha para freír o asar
Brei	papilla
Brezel	rosquilla, rosca
Bries	mollejas
Brokkoli	brócoli, brécol

Brombeere	mora
Brot	pan
Brot, belegtes	canapé; sandwich
Brot, ungesäuertes	pan ázimo
Brötchen	panecillo
Brötchen, belegtes	bocadillo
Brotkorb	cesta del pan, panera
Brotkrume	miga
Brotkrümel	migaja
Brühe	caldo
Brühwürfel	cubito de caldo
Brunnenkresse	berro (de agua)
Brustfleisch, Bruststück	pechuga
Buchweizen	alforfón, trigo sarraceno
Buffet	buffet; ambigú
Bulette	filete ruso
Butter	mantequilla
Butterbrot	bocadillo; rebanada de pan con mantequilla

C

Café	café
Cayennepfeffer	pimienta de Cayena
Champagner	champán, champaña
Champignons	champiñones
Chefkoch	chef
Chicorée	endibia
Cocktail	cóctel, combinado
Cognac	coñac
Creme	crema
Crêpe	crep, crêpe
Curry	curry

D

Damhirsch	gamo
Dampfkartoffeln	patatas al vapor
danach	después
Dattel	dátil
Delikatessen	exquisiteces
Dessert	postre
Dessertwein	vino de postre
Diabetiker	diabético
Diät	dieta, régimen
diätetisch	dietético
Diätkost	alimentos dietéticos
Diätmenü	menú dietético
Dickmilch	cuajada
Dill	eneldo
Dörrfleisch	cecina
Dörrobst	fruta pasa
Dorsch	bacalao (fresco)
Dose	lata
Dosenbier	cerveza de lata
Dosenöffner	abrelatas
Duft	aroma, olor
dünn	delgado, fino; Kaffee: flojo
dünsten	rehogar
durchgebraten	bien hecho
Durst	sed
Durst haben	tener sed
Dutzend	docena

E

Edamer	queso de bola
Edelpilzkäse	queso azul
Ei	huevo
Ei, hartgekochtes	huevo duro
Ei, rohes	huevo crudo
Ei, verlorenes	huevo escalfado
Ei, weichgekochtes	huevo pasado por agua
Eierbecher	huevera
Eiergerichte	huevos
Eierpfannkuchen	crep, crêpe
Eigelb	yema de huevo
einfach	sencillo
einkaufen	comprar, ir de compras
Einkaufstasche	bolsa de la compra
Eintopf(gericht)	puchero, cocido
Eis	helado
Eis, gemischtes	helado variado
Eisbecher	copa de helado
Eisbein	codillo (hervido)
Eisbergsalat	lechuga iceberg
Eisdiele	heladería
Eiskaffee	blanco y negro
Eistorte	tarta helada
Eiswürfel	cubitos de hielo
Eiweiß	clara de huevo
empfehlen	recomendar
Endivie(nsalat)	escarola
Ente	pato
Entenbrust	magret de pato

Entenleber	hígado de pato
entkorken	descorchar
Entrecôte	entrecot(e)
Erbsen	guisantes
Erdbeeren	fresas, fresones
Erdbeereis	helado de fresas
Erdbeermarmelade	mermelada de fresa
Erdmandel	chufa
Erdnuß	cacahuete
Erfrischung	refresco
Erfrischungsgetränk	bebida refrescante, refresco
eßbar	comestible
essen	comer
Essen	comida
Essig	vinagre
Essig- und Ölständer	vinagreras
Essiggurken	pepinillos en vinagre
Eßkastanie	castaña
Eßlöffel	cuchara
Eßlöffel voll	cucharada
Estragon	estragón

F

fade	soso, insípido
Fadennudeln	fideos
falsch	falso
Fasan	faisán
Faß	barril, tonel, barrica
Faßbier	cerveza de barril
Feigen	higos
fein	fino

Feinkostladen	tienda de comestibles finos, mantequería
Feldsalat	hierba de canónigo
Fenchel	hinojo
fertig	listo
Fertiggericht	plato preparado, plato precocinado
Festpreis	precio fijo
fett	graso
Fett	grasa
Fettammer	hortelano
Feuer	fuego
Filet(steak)	solomillo
Filterkaffee	café filtrado
Fisch	pescado
Fischfilet	filete de pescado
Fischgericht	plato de pescado
Fischgeschäft	pescadería
Fischmarkt	mercado de pescado
Fischsuppe	sopa de pescado
flambiert	flameado, flambeado
Flasche	botella
Flasche, halbe	media botella
Flaschenbier	cerveza en botella
Flaschenöffner	abridor
Fleisch	carne
Fleischbrühe	caldo de carne
Fleischerei	carnicería
Fleischfondue	fondue borgoñón
Fleischgericht	plato de carne
Fleischklößchen	albóndiga

Fleischpastete	pastel de carne
Fleischsaft	jugo de carne
Flügel	ala
Flunder	platija
flüssig	líquido
Flußkrebs	cangrejo de río
Fondue	fondue
Forelle	trucha
Forelle, geräucherte	trucha ahumada
Frankfurter Würstchen	salchichas de Francfurt
frei	libre
Frikadelle	hamburguesa
Frikassee	fricasé, blanqueta
frisch	fresco
Frischkäse	queso fresco
Frischling	jabato
fritieren	freír
fritiert	frito
Froschschenkel	ancas de rana
Frucht	fruto, fruta
Früchte	fruta
Früchte, kandierte	frutas escarchadas
Fruchteis	helado de fruta
Fruchtsaft	zumo de fruta
Frühgemüse	verduras tempranas
Frühstück	desayuno
Frühstücksbuffet	buffet de desayuno
Frühstücksspeck	bacon
Füllung	relleno
Fuß	pie

G

Gabel	tenedor
Gang	plato
Gang, erster	primer plato
Gang, zweiter	segundo plato
Gans	oca, ganso
Gänseleber	hígado de oca oder de ganso
Gänseleberpastete	foie gras (de oca)
ganz	entero
gar	en su punto
Garnelen	gambas
garniert	con guarnición
Gasthof	fonda, hostería, hostal
Gebäck	galletas, pastas
gebacken	frito, cocido en el horno
gebeizt	adobado, marinado
gebraten	asado, frito
gedämpft	al vapor
Gedeck	cubierto
gedünstet	rehogado
Geflügel	aves
Geflügelklein	menudillos, menudos de ave
Geflügelleber	higadillo
gefroren	helado
gefüllt	relleno
gegrillt	a la parrilla
gehackt	picado
Gehacktes	carne picada
gekocht	hervido, cocido
Gelatine	gelatina

gelb	amarillo
Gelee	jalea
gemahlen	molido
gemischt	variado, mixto
Gemse	gamuza, rebeco
Gemüse	verdura, hortalizas
Gemüsehandlung	verdulería
Gemüsesalat	ensalada de verduras
Gemüsesuppe	sopa de verduras
genug	bastante, suficiente
gepfeffert	picante
geräuchert	ahumado
Gericht	plato, comida
gerieben	rallado
geröstet	tostado (Brot), salteado (Kartoffeln etc.)
Geruch	olor
gesalzen	salado
geschält	pelado
Geschirr	vajilla
Geschmack	gusto, sabor
geschmort	estofado; braseado
gespickt	mechado
gesüßt	endulzado, azucarado
Getränk	bebida
Getreide	cereales
getrüffelt	trufado
Gewürze	especias, condimentos
Gewürznelke	clavo, clavillo
Gewürzgurken	pepinillos en vinagre y especias
gezuckert	azucarado

giftig	venenoso
Gin	ginebra
Glas	vaso, copa (Stielglas)
ein Glas Milch	un vaso de leche
ein Glas Wasser	un vaso de agua
ein Glas Wein	un vaso de vino
Glühwein	vino caliente
Goldbrasse	dorada
Gramm	gramo
Granatapfel	granada
Grapefruit	pomelo
Grapefruitsaft	zumo de pomelo
Gräte	espina (de pescado)
gratiniert	gratinado
grau	gris
Graubrot	pan de centeno, pan moreno
Grieß	sémola
Grill	parrilla; barbacoa
vom Grill	a la parrilla
Grillgericht	parrillada
groß	grande
grün	verde
Gulasch	goulash
Gurke	pepino
Gurkensalat	ensalada de pepino
gut	bueno
gutbürgerliche Küche	cocina casera; comidas caseras
gut durchgebraten	bien hecho

H

Hackfleisch	carne picada
Haferflocken	copos de avena
Hagebutte	éscaramujo
Hähnchen	pollo
Hähnchenkeule	muslo de pollo
halb	medio
halb durchgebraten	medio hecho
halbe Flasche	media botella
halbe Portion	media ración, media porción
halber Liter	medio litro
halbes Dutzend	media docena
halbes Kilo	medio kilo
halbtrocken	semiseco
Hälfte	mitad
Hamburger	hamburguesa
Hammel	carnero
Hammelbraten	carnero asado
Hammelfleisch	carne de carnero
Hammelkeule	pierna de carnero
Häppchen	bocado; tapa
hart	duro
Hartkäse	queso duro
Hase	liebre
Haselnuß	avellana
Hasenpfeffer	civet de liebre
Hauptgericht	plato principal
hausgemacht	casero
Hausmannskost	comidas caseras
Haut	piel

Haxe	pierna, pata
Hecht	lucio
Hefe	levadura
Heidelbeere	arándano
heiß	caliente
herb	áspero, acerbo
Herd	fogón, cocina
Hering	arenque
Hering, geräucherter	arenque ahumado
Heringsfilet	filete de arenque
Herz	corazón
Herzmuschel	berberecho
Himbeere	frambuesa
Hirn	sesos
Hirsch	ciervo, venado
Hirse	mijo
H-Milch	leche uperizada
im Holzofen	al horno de leña
Honig	miel
Honigkuchen	pan de especias (y miel)
Hopfen	lúpulo
Hörnchen	croissant, croisán
Hornhecht	aguja
Huhn	gallina, pollo
Hühnchen	pollo
Hühnerbrühe	caldo de gallina
Hühnerbrust	pechuga de pollo bzw. gallina
Hühnerflügel	ala de pollo bzw. gallina
Hühnerleber	higadillo de gallina
Hühnerschenkel	muslo de pollo bzw. gallina
Hülsenfrüchte	legumbres (secas)

Hummer	bogavante
Hunger	hambre
Hunger haben	tener hambre

I

Imbiss	refrigerio, piscolabis, tentempié
Ingwer	jengibre

J

Jakobsmuschel	vieira
Joghurt	yogur(t)
Johannisbeere	grosella roja
Johannisbeere, schwarze	casis, grosella negra

K

Kabeljau	bacalao fresco
Kaffee	café
Kaffee, koffeinfreier	café descafeinado
Kaffee mit wenig Milch	café cortado
Kaffee mit viel Milch	café con leche
Kaffee, schwarz	café solo
Kaffeekanne	cafetera
Kakao	cacao; als Getränk: chocolate
Kaki	caqui, palosanto
Kaktusfeige	higo chumbo
Kalb	ternera
Kalbfleisch	(carne de) ternera
Kalbsbraten	asado de ternera, ternera asada
Kalbsbries	mollejas de ternera

Kalbsfilet	solomillo de ternera
Kalbsfuß	pie de ternera
Kalbshaxe	pierna de ternera
Kalbshirn	sesos de ternera
Kalbskeule	pierna de ternera
Kalbskotelett	chuleta de ternera
Kalbsleber	hígado de ternera
Kalbsnieren	riñones de ternera
Kalbsschnitzel	escalopa de ternera
Kalorie	caloría
kalorienarm	bajo en calorías
kalorienreich	rico en calorías
kalt	frío
kaltes Buffet	buffet frío
kaltes Gericht	plato frío
Kamille	manzanilla
Kamillentee	(infusión de) manzanilla
kandiert	escarchado
Kandiszucker	azúcar cande oder candi
Kaninchen	conejo
Kapaun	capón
Kapern	alcaparras
Kapuzinerkresse	capuchina
Karaffe	garrafa
Karamel	caramelo
Karde	cardo
Karotten	zanahorias
Karpfen	carpa
Kartoffeln	patatas
Kartoffelpüree	puré de patatas
Kartoffelsalat	ensalada de patatas

Kaschunuß	anacardo
Käse	queso
Käsefondue	fondue de queso
Käsekuchen	tarta de queso
Käseplatte	tabla de quesos
Kastanie	castaña
Kastenbrot	pan de molde
kaufen	comprar
Kaugummi	chicle
Kaviar	caviar
Keks	galleta
Keller	sótano; (Wein-) bodega
Kellner	camarero
Kerbel	perifollo
Keule	muslo; pierna
Kichererbsen	garbanzos
Kilo	kilo
Kirsche	cereza
Kirschkonfitüre	confitura de cerezas
Kirschtorte	tarta de cerezas
Kirschwasser	kirsch
Kiwi	kiwi
klar	claro
klare Brühe	consomé
Klarett(wein)	clarete
Kleie	salvado
klein	pequeño
Kleingeld	dinero suelto, calderilla
Kloß	albóndiga
Klößchen	albondiguilla
Knäckebrot	pan crujiente
Kneipe	tasca, bar, taberna

Knoblauch	ajo
Knoblauchmayonnaise	alioli
Knoblauchzehe	diente de ajo
Knochen	hueso
Knollensellerie	apio nabo, apio rábano
Knorpel	cartílago
knusprig	crujiente
Koch	cocinero
kochen	cocer, hervir, cocinar
Kochtopf	olla, marmita, cazuela
koffeinfrei	descafeinado
Kognak	coñac
Kohl	col, berza, repollo
Kohlenhydrate	hidratos de carbono
Kohlrabi	colinabo
Kohlroulade	col rellena
Kokosnuß	(nuez de) coco
Kokosraspel	coco rallado
Kompott	compota
Kondensmilch	leche condensada
Konditorei	pastelería
Konfitüre	confitura
Konserve	conserva
Konservierungsmittel	conservante
Kopf	cabeza
Kopfsalat	lechuga (francesa)
Korb	cesta
Koriander	cilantro, culantro
Korinthen	pasas de Corinto
Korken	corcho, tapón
Korkenzieher	sacacorchos

Korn (Getreide)	cereales, granos
Korn (Schnaps)	aguardiente de trigo
kosten	probar, degustar
köstlich	delicioso
Kotelett	chuleta
Krabben	gambas
Krabbencocktail	cóctel de gambas
Kraftbrühe	consomé
Krake	pulpo
Krapfen	buñuelo
Kräuter	hierbas
Kräuterlikör	licor de hierbas
Krebs	cangrejo
Krebsschwänze	colas de cangrejo
Kresse	berro
Krokant	crocante
Kroketten	croquetas
Krug	jarra, botijo, cántaro
Kruste	costra, corteza
Krustentiere	crustáceos
Küche	cocina
Kuchen	pastel
Küchenchef	jefe de cocina, chef
Kuh	vaca
Kuhmilch	leche de vaca
Kümmel	comino
Kürbis	calabaza
Kutteln	callos

L

Lachs	salmón
Lachsforelle	trucha asalmonada
Lamm	cordero
Lammbraten	cordero asado, asado de cordero
Lammfleisch	carne de cordero
Lammkeule	pierna de cordero
Lammkotelett	chuleta de cordero
Lammschulter	espalda de cordero
Landbrot	pan de payés
Landwein	vino del país, vino de la región
Langkornreis	arroz (de grano) largo
Languste	langosta
Langustenschwänze	colas de langosta
Lauch	puerro
lauwarm	tibio
lebend	vivo, viviente
Lebensmittel	productos alimenticios, víveres
Lebensmittelgeschäft	tienda de comestibles; colmado (reg.)
Leber	hígado
Leberpastete	foie gras
Lebkuchen	pan de especias
lecker	rico
leer	vacío
leicht	ligero
Leinsamen	linaza
Leitungswasser	agua del grifo
Lende(nstück)	lomo
Lendenbraten	lomo asado

Likör	licor
Limonade	limonada
Lindenblütentee	(infusión de) tila
Linsen	lentejas
Liter	litro
Liter, halber	medio litro
Löffel	cuchara
Löffelbiskuits	lenguas de gato
Lorbeer	laurel
Lorbeerblatt	hoja de laurel
Löwenzahn	diente de león
Lunge	pulmón; bofe (bei Tieren)

M

Magen	estómago
Magenbitter	estomacal, digestivo
Magenverstimmung	indigestión
mager	magro
Magermilch	leche descremada, leche desnatada
Mahlzeit	comida
Mais	maíz
Maiskolben	mazorca
Maiskörner	granos de maíz
Maisöl	aceite de maíz
Majoran	mejorana
Makkaroni	macarrones
Makrele	caballa
Malz	malta
Mandarine	mandarina
Mandeln	almendras

Mandeln, gebrannte	almendras garapiñadas
Mandeltorte	tarta de almendras
Mangold	acelgas
Margarine	margarina
Marinade	adobo, marinada
mariniert	adobado, marinado
Mark	tuétano, pulpa
Markt	mercado
Marmelade	mermelada
Marone	castaña
Marzipan	mazapán
Mastochse	buey cebón
Mayonnaise	mahonesa, mayonesa
Meeraal	congrio
Meeräsche	mújol
Meeresfisch	pescado de mar
Meeresfrüchte	mariscos, frutos del mar
Meerrettich	rábano picante
Mehl	harina
Melisse	melisa, toronjil
Melissengeist	agua de melisa
Melone	melón
Menü	menú
Messer	cuchillo
Metzgerei	carnicería
Miesmuscheln	mejillones
Milch	leche
Milch, entrahmte	leche descremada, leche desnatada
Milch, fettarme	leche semidescremada, leche semidesnatada
Milch, frische	leche fresca
Milch, heiße	leche caliente

Milch, kalte	leche fría
Milchbrötchen	bollo
Milchgeschäft	lechería
Milchlamm	cordero lechal
Milchmixgetränk	batido
Milchpulver	leche en polvo
Milchreis	arroz con leche
Milchschokolade	chocolate con leche
Milch-Shake	batido
Mineralwasser	agua mineral
Mineralwasser mit Kohlensäure	agua mineral con gas
Mineralwasser ohne Kohlensäure	agua mineral sin gas
Minze	menta
Mirabelle	ciruela mirabel oder amarilla
Mispel	níspero
mit	con
Mittagessen	almuerzo, comida
Mixed Pickles	encurtidos
Mohn	adormidera
Möhren	zanahorias
Morcheln	colmenillas, morillas
Most	mosto
Mürbeteig	pasta quebrada
Mus	puré
Muscheln	conchas; (Mies-) mejillones
Müsli	muesli
Muskateller(wein)	(vino de) moscatel
Muskatblüte	macis
Muskatnuß	nuez moscada

N

Nachspeise, Nachtisch	postre
Nahrungsmittel	alimentos
natur	natural, al natural
Navelorange	naranja navel
Nektarine	nectarina
Nelke (Gewürz)	clavo (de olor), clavillo
Nieren	riñones
Nudeln	pasta (alimenticia)
Nuß	nuez (Walnuß); avellana (Haselnuß)
Nußknacker	cascanueces
Nußtorte	tarta de nueces

O

Ober	camarero
Oberkellner	maître (d'hôtel)
Obst	fruta
Obsthandlung	frutería
Obstkuchen	pastel de frutas
Obstsalat	macedonia de frutas
Obsttorte	tarta de frutas
Ochse	buey
Ochsenschwanz	rabo de buey
Ofen	horno
ohne	sin
ohne Konservierungsstoffe	sin conservantes
ohne Milch	sin leche
ohne Sauce	sin salsa
ohne Zucker	sin azúcar

Öl	aceite
Oliven	aceitunas, olivas
Olivenöl	aceite de oliva
Olivenöl, kaltgepreßtes	aceite de oliva virgen
Ölsardinen	sardinas en aceite
Omelett	tortilla
Orange	naranja
Orangeade	naranjada
Orangensaft	zumo de naranja
Orangensaft, frisch gepreßt	zumo de naranja natural
Oregano	orégano

P

Palmherzen	palmitos
Pampelmuse	pomelo
Paniermehl	pan rallado
paniert	rebozado, empanado
Papierserviette	servilleta de papel
Paprikapulver	pimentón
Paprikaschote	pimiento; (rote) pimiento morrón
Paranuß	nuez de Brasil
Parmesankäse	queso parmesano
Pastete	pastel; paté
Pastinake	chirivía
Pellkartoffeln	patatas cocidas con su piel
Perlhuhn	pintada
Perlzwiebeln	cebollitas perla
Petersilie	perejil
Pfanne	sartén

Pfeffer	pimienta
Pfeffer, grüner	pimienta verde
Pfeffer, schwarzer	pimienta negra
Pfeffer, weißer	pimienta blanca
Pfefferkörner	granos de pimienta
Pfefferminze	menta
Pfefferminzlikör	crema de menta, licor de menta
Pfefferminztee	(infusión de) menta
Pfefferstreuer	pimentero
Pfifferlinge	rebozuelos, cantarelas
Pfirsich	melocotón
Pflanzenfett	grasa vegetal
Pflanzenöl	aceite vegetal
Pflaume	ciruela
Pflaumenkuchen	tarta de ciruelas
Pfund	medio kilo
pikant	picante
Pilze	setas, hongos
Pinienkerne	piñones
Pistazien	pistachos
Pizzaboden	base de pizza
Plastiktüte	bolsa de plástico
Platte	fuente
pochieren	escalfar, pochar
Pökelfleisch	carne en salmuera, salazones
Pommes frites	patatas fritas
Porree	puerro
Portion	porción, ración
Portwein	oporto
Poularde	pularda
Pralinen	bombones

Preis	precio
Preiselbeere	arándano encarnado oder rojo
pro Person	por persona
pro Stück	por pieza, por unidad
probieren	probar, degustar
Proteine	proteínas
Pudding	budín, pudín, flan
Puderzucker	azúcar en polvo, azúcar glas
Puffmais	palomitas (de maíz)
Punsch	ponche (caliente)
Püree	puré
Pute	pava
Putenbrust	pechuga de pavo
Putenschnitzel	escalope de pavo
Puter	pavo

Q

Quark	requesón
Quitte	membrillo
Quittenbrot	carne de membrillo, dulce de membrillo

R

Radieschen	rabanitos
Radlermaß	clara
Ragout	ragú
Räucherlachs	salmón ahumado
Räucherschinken	jamón ahumado
Rauchfleisch	carne ahumada

Rebhuhn	perdiz
Rebhuhn, junges	perdigón
Rechnung	cuenta
Regenbogenforelle	trucha arco iris
Reh	corzo
Rehbraten	asado de corzo
Rehkeule	pierna de corzo
Rehrücken	lomo de corzo
Reibkäse	queso rallado
reif	maduro
rein	puro
Reineclaude	ciruela claudia
Reis	arroz
Reizker, echter (Pilz)	níscalo, kat. rovelló
Renette	reineta
Rest	resto
Restaurant	restaurante
Rettich	rábano
Rezept	receta
Rhabarber	ruibarbo
Rind	vaca, vacuno, res
Rinde	corteza
Rinderbraten	asado de buey
Rinderfilet	solomillo de buey
Rindfleisch	carne de vaca
Rippchen	costilla
Roastbeef	rosbif
Rochen	raya
Rogen	huevas
Roggen	centeno
Roggenbrot	pan de centeno

roh	crudo
Rohkostplatte	crudités
Römischer Salat	lechuga (larga)
Rosenkohl	coles de Bruselas
Roséwein	(vino) rosado
Rosinen	uvas pasas
Rosmarin	romero
Rost, vom	a la parrilla
Röstbrot	pan tostado
Röstkartoffeln	patatas salteadas
rot	rojo
Rotbarbe	salmonete
Rotbrasse	pargo
Rote Bete	remolacha roja
Rotkohl, Rotkraut	(col) lombarda
Rotwein	vino tinto
Roulade	rollo
Rübe	remolacha
Rübe, rote	remolacha roja
Rübe, weiße	nabo
Rücken	espalda
Rühreier	huevos revueltos
Rum	ron

S

Safran	azafrán
Safranfäden	hebras de azafrán
Saft	zumo, jugo
Sahne	nata, crema
Salami	salami
Salat	ensalada

Salat, gemischter	ensalada variada, ensalada mixta
Salat, grüner	ensalada verde
Salatherz	cogollo
Salbei	salvia
Salz	sal
salzarm	bajo en sal
salzen	salar
salzig	salado
Salzkartoffeln	patatas hervidas
salzlos	sin sal
Salzstreuer	salero
Sandwich	sandwich, emparedado
Sardellen	anchoas
Sardellenfische	boquerones
Sardinen	sardinas
Saubohnen	habas
Sauce	salsa
sauer	ácido, agrio
Sauerampfer	acedera
Sauerkirsche	guinda
Sauerkraut	chucrut
Schaf	oveja
Schafkäse	queso de oveja
Schafmilch	leche de oveja
Schale	cáscara; von Obst: piel
Schalotte	chalote, escalonia
scharf	picante
Schaum	espuma
schäumend	espumoso
Schaumwein	vino espumoso
Scheibe	rebanada, raja, loncha, tajada; (rund) rodaja

Scheibe Brot	rebanada de pan
Scheibe Schinken	loncha de jamón
Scheibe Toast	tostada
Schenkel	muslo
Schildkröte	tortuga
Schinken	jamón
Schinken, gekochter	jamón dulce, jamón York, jamón cocido
Schinken, geräucherter	jamón ahumado
Schinken, roher	jamón serrano
Schlachterei	carnicería
Schlagsahne	nata montada, nata batida
schlecht	malo
Schleie	tenca
schmackhaft	sabroso, apetitoso
Schmalz	manteca
Schmelzkäse	queso fundido
Schmorfleisch	carne estofada
Schnaps	aguardiente
Schnecken	caracoles
Schnellgaststätte	snack-bar, restaurante rápido
Schnepfe	becada; chocha
Schnitte Brot	rebanada de pan
Schnittlauch	cebollino
Schnitzel	escalope, escalopa
Schokolade	chocolate
Schokoladencreme	mousse de chocolate
Schokoladeneis	helado de chocolate
Schokoladenpudding	pudín de chocolate
Schokoladentorte	tarta de chocolate
Scholle	solla
Schulter	espalda

Schüssel	fuente
Schwanz	cola, rabo
Schwarte	corteza (de tocino)
schwarz	negro
Schwarzbrot	pan negro
Schwarzwurzel	escorzonera, salsifí negro
Schwein	cerdo
Schweinebraten	asado de cerdo
Schweinefilet	solomillo de cerdo
Schweinefleisch	carne de cerdo
Schweinekotelett	chuleta de cerdo
Schweineleber	hígado de cerdo
Schweinelende	lomo de cerdo
Schweineschmalz	manteca de cerdo
Schweineschnitzel	escalope oder escalopa de cerdo
Schweinsfüße	pies de cerdo
Schweinshaxe	pierna de cerdo
Schweizer Käse	gruyère
Schwertfisch	pez espada, emperador
Seeaal	congrio
Seedatteln	dátiles de mar
Seehecht	merluza
Seeigel	erizo de mar
Seeteufel	rape
Seezunge	lenguado
Seezungenfilets	filetes de lenguado
Sekt	cava
Selbstbedienung	autoservicio
Selbstbedienungsbuffet	buffet libre
Selbstbedienungsrestaurant	restaurante autoservicio
Sellerie	apio

Semmel	panecillo
Semmelbrösel	pan rallado
Senf	mostaza
Senfgurken	pepinillos en vinagre (con mostaza)
Servierwagen	carrito de servicio
Serviette	servilleta
Sesam	sésamo, ajonjolí
Sherry	jerez
Sirup	jarabe
Sodawasser	soda
sofort	en seguida
Soja	soja
Sojaöl	aceite de soja
Sonnenblumenöl	aceite de girasol
Sorbet	sorbete
Spaghetti	espaguetis
Spanferkel	cochinillo, lechón, (gebratenes) tostón
Spargel	espárragos
Spargel, grüne	espárragos trigueros
Spargelspitzen	puntas de espárrago
Speck	tocino
Speck, durchwachsener	tocino entreverado
Speisekarte	carta, menú, minuta, lista de platos
Speisesaal	comedor
Spezialität	especialidad
Spiegeleier	huevos fritos
Spieß	asador, brocheta, espeto, espetón
Spinat	espinacas
Stachelbeere	grosella espinosa
Staudensellerie	apio en rama
Steak	bistec

Steinbutt	rodaballo
Steinpilze	boletos
Stockfisch	bacalao (seco)
Stör	esturión
Streichhölzer	cerillas
Streichkäse	queso para extender, queso para untar
Strohhalm	paja
Stück	pieza, pedazo, trozo
Sultanine	pasa sultana, pasa gorrona
Supermarkt	supermercado
Suppe	sopa
Suppenlöffel	cuchara sopera
Suppenteller	plato sopero, plato hondo
Suppenwürfel	cubito de caldo
süß	dulce
Süßigkeiten	dulces
Süßkartoffel	boniato, batata
süß-sauer	agridulce
Süßspeise	dulce
Süßstoff	sacarina, edulcorante
Süßwarengeschäft	dulcería, confitería
Süßwasserfische	peces de agua dulce
Süßwein	vino dulce

T

Tablett	bandeja
Tafel Schokolade	pastilla oder tableta de chocolate
Tagesgericht	plato del día
Tagesmenü	menú del día

Tageskarte	carta del día
Taschenkrebs	buey de mar
Tasse	taza
Taube	paloma
Taube, junge	pichón
Tee	té
Tee mit Milch	té con leche
Tee mit Zitrone	té con limón
Teegebäck	pastas de té
Teelöffel	cucharilla, cucharita
Teelöffel voll	cucharadita
Teig	pasta, masa
Teigwaren	pastas (alimenticias)
Teller	plato
Teller, tiefer	plato hondo, plato sopero
Terrine (Pastete ohne Teig)	terrina
teuer	caro
Thunfisch	atún, bonito
Thymian	tomillo
tiefgefroren, tiefgekühlt	congelado
Tiefkühlkost	alimentos congelados
Tintenfische	calamares, chipirones, sepias
Tisch	mesa
Tischbestellung	reserva de mesa
Tischdecke, Tischtuch	mantel
Tischwein	vino de mesa
Toast	tostada
Toastbrot	pan tostado
Toiletten	lavabos, servicios
Tomate	tomate
Tomatensaft	jugo de tomate

Tomatensalat	ensalada de tomate
Tomatensauce	salsa de tomate
Tonikwasser	tónica
Topf	pote; cazuela
Törtchen	tartaleta
Torte	tarta
Tortenboden	base de tarta
Trauben	uvas
Trauben, blaue	uvas negras
Trauben, weiße	uvas blancas
Traubensaft	zumo de uvas
trinken	beber
Trinkgeld	propina
Trinkhalm	paja
Trinkwasser	agua potable
trocken	seco
Trockenmilch	leche en polvo
Trüffel	trufa
Trüffel, weiße	criadilla de tierra
Truthahn	pavo
Tüte	bolsa

U

überbacken	gratinado
ungespritzt (Obst)	no tratado
Untertasse	platillo (de la taza)
unverdaulich	indigesto

V

Vanille	vainilla
Vanillecreme	natillas de vainilla
Vanilleeis	helado de vainilla
Vanillezucker	vainilla azucarada
vegetarisch	vegetariano
Venusmuscheln	almejas
verkaufen	vender
viel	mucho
Viertel	cuarto
Vitamine	vitaminas
voll	lleno
Vollkornbrot	pan integral
Vollmilch	leche entera
Vorspeise	entrada, entrante, entremés

W

Wacholderbeere	enebrina
Wachtel	codorniz
Wachteleier	huevos de codorniz
Waffel	barquillo
Wahl	elección
nach Wahl	a elegir
Walderdbeeren	fresas del bosque, fresas silvestres
Walnuß	nuez
warm	caliente
warme Speisen	platos calientes
Wasser	agua
Wassermelone	sandía

weich	blando; tierno
Wein	vino
Wein vom Faß	vino de barril
Wein, leichter	vino ligero
Wein, offener	vino a granel
Wein, trockener	vino seco
Weinbergschnecken	caracoles (de Borgoña)
Weinbrand	brandy
Weinessig	vinagre de vino
Weinkarte	carta de vinos
Weinkeller	bodega
Weinkellner	sommelier
Weinkühler	enfriador de botellas
Weinprobe	degustación de vinos, cata de vinos
Weintraube (ganze)	racimo de uvas
Weintraube (einzelne)	uva
weiß	blanco
Weißbrot	pan blanco
weiße Rüben	nabos
Weißkäse	queso blanco
Weißkohl, Weißkraut	col, repollo
Weißwein	vino blanco
Weizen	trigo
Weizenkeimöl	aceite de gérmenes de trigo
wenig	poco
Wermut	vermut
Whisky	whisky
Whisky mit Soda	whisky con soda
Wild(bret)	caza, venado
Wildente	pato salvaje
Wildkaninchen	conejo de monte

Wildschwein	jabalí
Windbeutel	buñuelo de viento
Wirsing(kohl)	col rizada
Wirt	dueño (de un restaurante)
Wodka	vodka
Wolfsbarsch	lubina
Würfelzucker	azúcar en terrones
Wurst	embutido
Würstchen	salchicha
Wurstplatte	embutidos variados
Wurstwaren	embutidos, fiambres, charcutería
Wurstwarengeschäft	charcutería
Würze	condimento, especia
würzen	condimentar, sazonar

Z

zäh (Fleisch)	duro
zahlen	pagar
Zahnbrasse	dentón
Zahnstocher	palillo
Zander	lucioperca
zart	tierno
Zicklein	cabrito, choto
Ziege	cabra
Ziegenkäse	queso de cabra
Ziegenlamm	cabrito, choto
Ziegenmilch	leche de cabra
Zigarette	cigarrillo
Zigarre	puro
Zimt	canela

Zimtstange	canela en rama
Zitronat	cidra confitada, acitrón
Zitrone	limón
Zitroneneis	helado de limón
Zitronensaft	zumo de limón
Zitronensaft, frisch gepreßt	zumo de limón natural
Zitronenschale	cáscara de limón, corteza de limón
Zitronenschale, abgeriebene	ralladura de limón
Zubereitung	preparación
Zucchini	calabacines
Zucker	azúcar
Zucker, brauner	azúcar moreno
Zuckererbsen	tirabeques
Zuckerguß	baño de azúcar
Zuckerrübe	remolacha azucarera
Zunge	lengua
Zuschlag	suplemento
Zutaten	ingredientes
zuviel	demasiado
Zwieback	biscote
Zwiebel	cebolla
Zwiebelsuppe	sopa de cebolla

Redewendungen deutsch-spanisch

Lassen Sie sich von den folgenden Redewendungen nicht bange machen! Nur selten werden Sie während einer einzigen Mahlzeit alle Alarm- und Schreckensschreie ausstoßen müssen, die hier verzeichnet sind: »Das Essen ist kalt!« »Ich habe kein Glas!« »Ich habe etwas anderes bestellt!« »Wo ist eine Apotheke?« »Ich habe keine Gabel!« »Ich möchte den Wirt sprechen!«

Wo ist der Markt?	¿Dónde está el mercado?
Wo ist ein Lebensmittelgeschäft?	¿Dónde hay una tienda de comestibles?
Wo ist eine Fleischerei?	¿Dónde hay una carnicería?
Wo ist eine Bäckerei?	¿Dónde hay una panadería?
Wo ist eine Apotheke?	¿Dónde hay una farmacia?
Wo ist ein Fischgeschäft?	¿Dónde hay una pescadería?
Wo ist ein Supermarkt?	¿Dónde hay un supermercado?
Geben Sie mir bitte ein Kilo . . .	(Póngame) un kilo de . . ., por favor
Geben Sie mir bitte ein Pfund . . .	(Póngame) medio kilo de . . ., por favor
Wieviel kostet das?	¿Cuánto es? ¿Cuánto vale?
Gibt es hier in der Nähe ein gutes Restaurant?	¿Hay un buen restaurante por aquí cerca?
Wo ist der Speisesaal?	¿Dónde está el comedor?
Wo sind die Toiletten?	¿Dónde están los servicios?
Kann man hier essen?	¿Se puede comer aquí?
Wann kann man hier frühstücken?	¿A qué hora se puede desayunar?
Wann kann man hier zu Mittag essen?	¿A qué hora se puede comer?; ¿A qué hora se puede almorzar?
Wann kann man hier zu Abend essen?	¿A qué hora se puede cenar?
Ich möchte für heute abend einen Tisch bestellen	Quisiera reservar una mesa para esta noche
Haben Sie einen Tisch für zwei (drei, vier) Personen?	¿Tiene(n) una mesa para dos (tres, cuatro) personas?
Ist dieser Stuhl noch frei?	¿Está libre esta silla?
Herr . . . hat einen Tisch für mich bestellt	El Señor . . . ha reservado una mesa para mí
Legen Sie bitte noch ein Gedeck auf	Ponga otro cubierto, por favor
Wir erwarten noch jemanden	Esperamos a alguien
Haben Sie eine Terrasse?	¿Tienen terraza?

Kann man draußen essen?	¿Se puede comer fuera?
Haben Sie einen Sonnenschirm?	¿Tienen una sombrilla?
Kellner! Herr Ober!	¡Camarero!
Ich möchte etwas essen	Desearía comer algo
Was haben Sie zu essen?	¿Qué tiene para comer?
Was empfehlen Sie uns heute?	¿Qué nos recomienda hoy?
Ich habe Hunger	Tengo hambre
Ich habe keinen großen Hunger	No tengo mucha hambre
Ich möchte nur eine Kleinigkeit essen	Sólo quiero comer un poco
Bringen Sie mir bitte die Speisekarte	Tráigame la carta, por favor
Ich möchte das Tagesmenü	Quiero el menú del día
Ich möchte das Touristenmenü	Quiero el menú turístico
Ich möchte etwas Typisches essen	Quisiera comer algo típico de aquí
Welches sind die Spezialitäten dieser Gegend?	¿Cuáles son las especialidades de esta región?
Ich muß Diät essen	Estoy a régimen
Sind Getränke und Bedienung im Preis inbegriffen?	¿Están incluídos en el precio las bebidas y el servicio?
Haben die Fleischgerichte Beilagen?	¿Llevan guarnición los platos de carne?
Ich möchte lieber Fleisch	Prefiero carne
Ich möchte das Fleisch ohne Sauce	Quiero la carne sin salsa
Ich möchte das Steak fast roh haben	Quiero el bistec poco hecho
Ich möchte das Steak halb durchgebraten	Quiero el bistec medio hecho
Ich möchte das Steak gut durchgebraten	Quiero el bistec bien hecho

Ich möchte Salat zum Fleisch	Quiero ensalada con la carne
Ich esse keinen Fisch	No como pescado
Ich möchte den Fisch gekocht	Quiero el pescado hervido
Ich möchte den Fisch gebraten	Quiero el pescado frito
Ich möchte den Fisch gegrillt	Quiero el pescado a la parrilla
Ich möchte Gemüse zum Fisch	Quiero verdura con el pescado
Ich möchte einen Nachtisch	Quiero un postre
Ich habe schon bestellt	Ya he pedido
Bringen Sie mir bitte . . .	Tráigame . . ., por favor
Ich habe kein Messer	No tengo cuchillo
Ich habe keine Gabel	No tengo tenedor
Ich habe keinen Löffel	No tengo cuchara
Ich habe keine Serviette	No tengo servilleta
Ich habe kein Glas	No tengo vaso
Bringen Sie uns bitte einen Teller für das Kind	Tráiganos un plato para el niño, por favor
Bringen Sie mir bitte Salz	Tráigame la sal, por favor
Bringen Sie mir bitte Pfeffer	Tráigame la pimienta, por favor
Bringen Sie mir bitte Essig und Öl	Tráigame las vinagreras, por favor
Bringen Sie mir bitte Senf	Tráigame la mostaza, por favor
Etwas mehr Brot, bitte	Un poco más de pan, por favor
Ich habe etwas anderes bestellt	He pedido otra cosa
Das Essen ist kalt	La comida está fría
Das schmeckt mir nicht	Esto no me gusta
Das hat mir gut geschmeckt	Me ha gustado mucho
Das war sehr gut	Estaba muy bueno
Ich möchte den Wirt sprechen	Quisiera hablar con el dueño
Ich habe Durst	Tengo sed

Ich möchte etwas trinken	Quiero beber algo
Die Weinkarte, bitte	La carta de vinos, por favor
Bringen Sie mir bitte Wasser	Tráigame agua, por favor
Welchen Wein empfehlen Sie mir?	¿Qué vino me recomienda?
Ich möchte einen guten hiesigen Wein	Quiero un buen vino de la región
Ich möchte einen trockenen Wein	Quiero un vino seco
Ich möchte Rotwein	Quiero vino tinto
Ich nehme lieber Weißwein	Prefiero vino blanco
Ich möchte einen offenen Wein	Quiero una jarra de vino
Ich möchte eine Flasche Wein	Quiero una botella de vino
Ich möchte einen Viertelliter Wein	Quiero un cuarto de litro de vino
Ich möchte einen halben Liter Wein	Quiero medio litro de vino
Bringen Sie bitte noch ein Glas	Traiga otro vaso, por favor
Bringen Sie bitte noch eine Flasche von diesem Wein	Traiga otra botella de este vino, por favor
Der Wein ist gut	Este vino es bueno
Der Wein ist zu warm (kalt)	El vino está demasiado caliente (frío)
Haben Sie Bier vom Faß?	¿Tienen cerveza de barril?
Zum Wohl!	¡Salud!
Guten Appetit!	¡Que aproveche!
Bringen Sie mir bitte die Rechnung	Tráigame la cuenta, por favor
Das ist sehr teuer	Esto es muy caro
Bestellen Sie mir bitte ein Taxi	Llámeme un taxi, por favor